宇宙学〈実践編〉

大宇宙との交流

宇宙の真理を究める会・編

たま出版

刊行にあたって

宇宙の真理を究める会

本書は、田原澄《すみ》女史による著書『宇宙学』（一九六二年刊）および『続宇宙学』（一九七七年刊）をもとに、新たに全二巻（基礎編と実践編。同時発売）に編纂《へんさん》されたものである。田原女史の「宇宙学」を扱った書籍には、二〇一一年八月に刊行された『核が地球を滅ぼし、宗教が人類を滅ぼす』（たま出版）があるが、同書が編者によるメッセージを中心にまとめられているのに対して、本書は、田原女史本人が降ろしたメッセージを中心にまとめてある。

さて、前書の冒頭でも触れたが、本書をお読みいただく際の予備知識として、改めて田原澄女史と「宇宙学」について簡単に説明しておきたい。すでに前書をお読みいただいた方は、この項は飛ばしていただいて第一章よりお読みいただいても何ら差し支えない。

田原澄女史（一九一三年〜一九六五年）は、初代の「取次の器械」（「宇宙学」では、ご神示を降ろす役目の人のことをこう呼ぶ）として、「宇宙創造神」からのメッセージを伝えた人物である。軍人の子として生まれ、女学校卒業後は看護師となり、十年間を日赤の看護婦長として過ごした後、家庭に入り、三人の子をもうけたが、長男がトラックにひかれて死亡、次女が正体不明の難病にかかってしまった。それがもととなって自らの心の非を悟り、心を洗い清めるよう努めるうち、宇宙創造神から「取次の器械」として役目を果たすよう命令を受けた。一九五三年（昭和二十八年）七月二十二日のことである。

その後、一九六五年（昭和四十年）九月七日に昇天するまで、「洗心」に徹し、神界・霊界・星の世界との通信を受信し、それを「宇宙学」として多くの人々に伝え、人類救済の原動力となって活躍した。また、オリオン星や土星（外星）の悪魔の姿や宗教の背後霊を次々にキャッチし、浄化に努力した。

しかし一方で、宗教団体や権力者の背後の悪魔によって目の敵《かたき》とされ、最後はその犠牲となった。宗教の背後霊団によってつぶされたのである。宗教は邪神・邪霊の巣窟である。

そしてこのたび、大震災とそれに続く原発の危機、すなわち日本人の危機に直面して、田原女史の遺志を引き継ぐ有志が出版資金を持ち寄り、本書が編纂されることとなった次第である。本書の目的は、一人でも多くの方々に「宇宙学」を知っていただき、それを実践していただくこと、そしてそれを通して日本人全体がこの国難を乗り越えていくこと、それに尽きる。

ところで、「宇宙学」の根幹をなすものは「洗心」である。

そこで、「洗心の教え」について簡単に述べておこう。

◆宇宙創造神の教え

◎常の心として（神界・優良星界とつながる波動）

「強く正しく明るく、我《が》を折り、よろしからぬ欲を捨て、皆仲良く相和して、感謝の生活をなせ」

◎御法度《ごはっと》の心として（魔界とつながる波動・霊波）

「憎しみ、嫉《ねた》み、猜《そね》み、羨《うらや》み、呪い、怒り、不平、不満、疑い、迷い、心配ごころ、咎《とが》めの心、いらいらする心、せかせかする心を起こしてはならぬ」

○宇宙創造神の教え・洗心の意味

常の心として、
一、己自身に対して強く生きよ。
一、善悪を超越して正しく生きよ。
一、笑顔を持って明るく生きよ。
一、我《が》を折り、互譲の麗しき心にて生きよ。
一、宜《よろ》しからぬ欲を捨て、競うことの愚かさを知れ。
一、人類皆一体なるがゆえに、皆仲良く相和せよ。
一、森羅万象ことごとく大愛の波動の変化なるを悟って、感謝の生活をなせ。

以上が教えであるが、地球人類は永い年月にわたり〝自我〟を張り、必要以上の〝欲望〟を満足させるための生活を続けてきた。宇宙創造神は、地球人類に対してまずこの〝我と欲望の心〟を自制せよと諭《さと》している。なぜならば、吾々《われわれ》地球人類はこの〝我欲の心〟が元で、自他共に心を傷つけ、不幸の原因や飽《あ》くなき競争、闘争の社会を形成。それが戦争へと発展して、今や人類全体が破滅の方向に進んでいるからである。

この教えの「常の心」は、宇宙の法則に合致した心（想念）であり、人間の想念《おもい》次第で平和な楽しい社会をつくることもできるし、また「御法度の心」のように憎しみや嫉《ねた》みの心を起こして自殺や犯罪など、破壊の社会をつくることもできる。

近年発達したサイ科学では、その人の起こす想念によってその人の体から発するオーラが美しくもなり醜《みにく》くもなることが知られているが、人間が「常の心」でいる時には実に美しいオーラで輝き、宇宙から流入する生命波動を受け入れて、ますます健康体になり、周囲の人々にも好影響を与えるといわれている。

ところが、「御法度の心」を起こすと、オーラが著《いちじる》しく醜《みにく》くなり、宇宙から流入する生命波動を遮断《しゃだん》して人体波動が乱れ、病気や様々な障害となって不幸に陥《おちい》っていく。

この「洗心」の実行については、一定時間のみの修行ではなく、一日中を「御法度の心」を起こさず、「常の心」で暮らすように努力することが肝要である。始めからなかなか完全には行えないかもしれないが、万一、「御法度の心」を起こしたならば、反省して次から起こさないようにし、常に美しいオーラを発する自分をつくっていくことが大切である。

この行《ぎょう》が進むと、宇宙創造神と波長が合い、健康と幸福が約束され、超能力の開顕にもつながっていく。また、「洗心」する人が多くなるほど、平和な社会が築かれていくのである。

なお、本書〈実践編〉は、「宇宙学」に基づいた生き方、考え方を中心にまとめられており、同時発売の〈基礎編〉は、「宇宙学」の基本的知識を中心にまとめられている。原書は半世紀近くも前に書かれたため、現在では使われていない言い回しや漢字、また差別用語などが見受けられる。そうした部分を修正させていただき、重複した表現などを割愛させていただいたことをお断りしておく。

本書だけをお読みいただいても十分に「宇宙学」の真髄をご理解いただけるようにはなっているが、ぜひ〈基礎編〉も併せてお読みいただければ、編者としてこれに勝る喜びはない。

◎目次

第二章　大宇宙との交流

第三章　「洗心」への道

第一章　病気や天災の正体

病気や不幸はなぜ起こるか

われわれ地球に住む人類がオリオン星座の邪悪なる霊の支配下に陥ってから今日まで、実に三千年の歳月を経た。

その間、神と波長を合わせ得ない生き方に終始したために、神霊界星界を知らず、地球学的な観点から万事に当たり、五感の世界から一歩も出ることができなかった。こうした狭い、固い、暗い心の在り方にこそ病気や不幸の基因《もと》があることに全く気付き得なかったのである。

近代人は病気に罹《かか》ると、合言葉のように「医者よ」「薬よ」と、現代医学を妄信しているが、現代医学も地球学の一部門であって、オリオン的な思想と方法で発達したものである故に、病気の真の原因を衝《つ》くことは不可能なのである。

その真の原因を知るには、まことに唐突に聞こえるであろうが、まず、宇宙における地球の位置を知る必要がある。

太古時代のことは暫《しばら》くおくとして、この地球が人類が住むのに何とか適当な状態になった時、即《すなわ》ち約三千年前に、宇宙創造神は優良星界人の中の悪人や厄介者を一括してこの地球にお降ろしになり、地球をそのような人々の洗心の道場とされた。元来がそうした人達であるから、我欲を縦《ほしいまま》にして神の教えを守らず、心洗いを疎《おろそか》にしているうち、オリオン星座の邪悪なる霊波の支配下に陥って、以来三千年、今日に及んだのである。

この悪霊波は、いわゆる霊感霊能では決して捕捉し得ないものであり、また、地球学的な低次元の頭脳では理解できない存在であるために、地球人はかくも長い間病気や不幸の真の原因を衝《つ》き得ず、苦しみ、悩み、悲しんできたのである。

私は今より九年前に、宇宙創造神に心の在り方の誤りを指摘されて、初めて自らの不幸の真の原因を知り、また、自分がなぜこの地球に生を享《う》けたか、その意義を知ったのである。

オリオン文化に心酔し、学校教育において養われた思想や観念を固執し、従来の道徳観念を日常の信条として生きてきたそれまでの四十年間は、実に不幸であった。

度重なる身辺の不幸や病気が機縁となって、宇宙創造神の御存在を知り、わが心の間違いを自覚することができたのである。それまでというものは、神に生かされているということを知らず、まして、神に対する敬虔《けいけん》と感謝の念など無く、自分の理想、自分の行動は誰よりも立派であると自負し、自己満足していたのである。常に自己が中心で、自分の幸福、自分の繁栄のみ図り、利害得失に一喜一憂する生活を繰り返していた。このような心の在り方は実に低級であり、あらゆる不幸の原因をなすものであることを理解し得た時、私ばかりではなく、ほとんどすべての地球人が私と同じような心で生きていることをはっきり知り得たのである。

このような生き方からは、神が出してはならぬと仰せになっている御法度の心「憎しみ、嫉み、そねみ、羨み、呪い、怒り、不平、不満、疑い、迷い、心配心、咎めの心、いらいらする心、せかせかする心」を間断なく起こして、その心から発散する毒素のために、自分をはじめ四囲《しい》の人々をも病気や不幸に陥れるのであるが、地球人は誰一人としてこのような念波の作用について知る由もなかったのである。

地球人の中でも、特に日本人においては義務教育制が布《し》かれており、すべて満六歳に達すれば学校教育を受けることを強制されている。その学校教育の在り方は、知育が主眼とされていて、成績点数によって優劣上下の序列が作られるために、神の御法度の心をいやがうえにも起こさねば伍《ご》していけないように仕向けられているのである。もともと我欲が強く、競争意識を教育の場で叩き込まれた子弟が、社会に出て熾《し》烈な生存競争に身を投じ、絶えず毒素を発散し合うようになるのであるから、今日の地獄さながらの世相を招いたのもまことに当然であると云《い》わなくてはならない。

地球は今や収拾つかざる状態に陥ってしまっているのであるが、為政者たちは今日の混沌とした世界全般の情勢をくつがえして正しい姿に変えるだけの能力を欠いている。即ち、オリオン文化に浸り切って心の働きが錆びついているため、視野が狭く、かつ暗く、地球外に出て宇宙的な立場から地球の在り方を洞察する力がないのである。オリオン文化で培われた頭脳では五感の世界から一歩も出ることはできず、神霊界星界については全く無知であるばかりか、これを否定することが知識人の証左であるかのように思っている。そして、ややもすれば権力を振り回して、人々の福祉のための政治であるはずが、逆に人々を不幸に陥れつつある。「心洗いに努めて、一日も早く高級な地球人になってください」と、優良星界人から絶えず通信してくるのである。

私はまず、地球人の心得違いに気付いた。そして学校教育で培われた自惚《うぬぼ》れ、自尊心、自信が不幸や病気の基因をつくるものであることをはっきり知ることができたのである。

それを知って以来、私は日夜心洗いに勤《いそし》み、自分は最も愚な人間なればこそこの地球に降ろされているのだという認識を深めていく中に、長年苦しみ悩んだ病気も不幸も雲霧のように消えてなくなったのである。こうした体験から、私ばかりではなく、どんな人でも私のように心の在り方を根底から樹《た》て直して洗心に努めれば、心は常《つね》に安定して、神の光と力を全面的に受け入れることができ、一切の不幸と病気から解放されるものであることを知ったのである。

今まで私は、このことをいろいろの人に説いてきたが、すっかり幸福になった人もあれば、そうでない人もある。それはその人その人の悟りの度合いに依るのであって、悟りの度合いに比例して神の光と力が与えられるのである。

不幸や病気から救ってくださいと神に願ったり縋《すが》ったりして、その望みが叶えられたら、それはすべて邪神邪霊の仕業である。真の神は、そのような心に対して決して力を籍《か》し給うものではないのである。そのようにして一時解消した不幸や病気は、早晩必ず別な形で再びその人に現れることになる。

病気の根源は宇宙創造神の光と力から遮断されるところにあるが、これを大きく分けると、因縁から起こる場合、心の不調和によって起こる場合、オリオンや土星の悪霊波による場合、邪念妄想から発せられる毒素による場合の四つがある。地球人は我欲が強く、なかなか洗心する気になれない者が大部分であって、自ら進んで心洗いに努めようとする人はごく少数である。我欲の強い人々が勝手気儘《きまま》に撒《ま》き散らす毒素の量は実に大変なものであるが、その毒素によって自他共に病気や不幸に陥っているとは露《つゆ》知らず、ややもすれば増上慢《ぞうじょうまん》を起こし、自己を不当に高く評価し、他を貶《けな》したがるのである。

新聞広告で知る知名人の死因の多くを癌や脳出血や心臓麻痺《まひ》が占めていることは、何を意味するか。地球人はすべて病気や事故で死ぬことを当然と心得違いしているが、常に神と波長を合わせられるように心洗いに努めている限り、決して病気や事故等で死ぬものではない。地球人が宇宙創造神の教えの「強く、正しく、明るく、我を折り、宜《よろ》しからぬ欲を捨て、皆仲良く相和して、感謝の生活をせよ」を素直に守り、「憎しみ、嫉み、そねみ、羨み、呪い、怒り、不平不満、疑い、迷い、心配心、咎めの心、いらいらする心、せかせかする心」を起こさないようにしっかり心の調整を図って努力すれば、宇宙創造神と波長がピタリと合って、単なる人知から英知に変わり、病気や不幸から解放されるのである。

優良なる星界人は宇宙創造神の教えを守り、何時も素直で、自他一体の愛の心に充《み》ち満《み》ちた生活を営んでいる。このような心である故に、邪念妄想を抱くことはさらになく、病気不幸は一切無いのである。

それに引きかえ、地球人は指導者が人々を高いところから指導して秩序の維持に努めており、すべての人々が我欲に満ち満ちてお互いに邪念妄想を気ままに出し合うために、地上は毒素ですっかり覆われている。そのために、いつまで経っても幸福が得られないのである。

人々は、不幸や病気の因がそのような心にあることを知らず、幸福にはなり度いという甚だ贅沢《ぜいたく》な心で生きている。

苦しみとは、無知であるが故に起こるものである。常に自己が中心で、御法度の心を出して、毒素を発散して自ら苦しむものである。そのことを知らず、自己中心の生き方について反省する色も無く、誤った自負心に満ち満ち、神の光と力が全く遮断される結果、オリオンや土星の悪魔の支配下に閉ざされ、悉《あらゆ》る不幸や病気に見舞われるのである。

今日の教育の在り方は、記憶力と思考力のみに偏った人物、歪《いびつ》な頭脳を造り上げるように仕組まれており、このような教育の在り方を正しいものであると信じて疑わない人々は五感の世界から一歩も出られず、神霊界星界については全く無知である。中にはそういった見えない世界を知りたいと念願して、あるいは滝に打たれ、あるいは山に籠もり、或《あるい》は断食して霊感霊能を得て神を求める人もあるが、そのような霊感霊能で見る神は神ではなく、邪神邪霊である。

また、信仰心の篤《あつ》い人々は宗教に真理を求めてこれに凝り固まり、口先では立派な言葉を唱えながら、最も肝腎な心がほとんど伴わない。そのために神と波長を合わせることができず、悪魔の虜である自分の姿に気付かず、不知不識の裡に再び脱け出せない深みにはまり込んでしまうのである。そうした人心の機微を巧みに捉えて、言葉の綾《あや》で真理らしい神の道を説きながら背後に神ならぬ悪魔を戴《いただ》いた、いわゆる知恵者然とした教祖も世間には多くいるのであって、何《いず》れにしても神意に適《かな》わない在り方であるために、不幸や病気が後を絶たないのである。

政治、経済、教育、宗教など、すべての社会機構に根本的な誤りがあるために、オリオンの企図の通り、あらゆる面において行き詰まりが生じて、今日の混沌とした世相として現れている。にもかかわらず、悪魔の力ですっかり理念を眠らされている地球人は、いやがうえにも我欲を縦《ほしいまま》にして無知な生活を続けているのである。

オリオン星座の邪悪なる霊波および土星の外星の悪魔は、地球人を不幸に陥らしめることを最も喜びとしており、低次元の五感の世界でいたずらに我欲に捉らわれて盲目のような生き方をしている地球人は、悪魔の企図にまんまと乗ぜられて不幸を重ねてきたのである。

私は九年前、宇宙創造神の御存在を知り得るまでは、まるで病気と不幸の問屋であったといってよかった。生きていることに対する敬虔と感謝の念などさらになく、オリオン的な教育によって培《つちか》われた頭脳を立派であると自負し、そのような頭脳で得た観念や理念を正しいものと妄信して、自惚れと自信に満ち満ちて生きていたにもかかわらず、不幸と病気の絶え間がなかった。

それは、生き方の何処《どこ》かに間違いがあることを裏書きするものであることには気付いたものの、さてどうすればよいのか、さっぱり目当もつかず、何となく自身を慰めて毎日を過ごしていた。頭の頂辺《てっぺん》から足の先まで次々と病気に罹り、その度に医者や薬に頼って早く癒りたいと憔慮していた自分の姿を今あらためて顧みて、いかに自分が根本的に間違った生き方をしていたかを痛切に感ずるのである。

神は、〝己を虚しうして人のため世のために尽くせ〟と仰せられる。〝己れはないものであると考える心になれよ〟と仰せられる。当時私は、自分というものを非常に買い被《かぶ》っていて、然もすべて自己中心の言行《げんこう》に終始していた。その時の自分の姿を今にして思えば、不幸や病気に見舞われたのが当然であると思うのである。

その後、人生の意義が「洗心」に在ることを知って、日夜心洗いに努めるようになったが、毎夜のように自分の心の在り方を省み、果たして神と波長を合わせていたか否かを振り返って、その度にそうではなかった自分を見出すのが常であった。教育をはじめとして、社会のすべての在り方を正しい姿であるとして些《いささか》も疑わなかった私の心が如何に低級であったかをつくづく思い知ったのである。私ばかりでなく、すべての地球人がこのような間違いを犯しているから、地球人は不幸なのである。そして、無知であることを物語っているのである。

地球人が地球に降ろされた意義を知らず、宇宙における地球の位置を知らず、宇宙の法則を知らず、霊波念波の存在も知らないような生活を続けていればこそ、病気や不幸が後を絶たないのである。

病気や不幸に喘《あえ》いでいる人たちは、以上いろいろ述べたように、地球人の無知を自覚し、神の教えの「強く、正しく、明るく、我を折り、宜しからぬ欲を捨て、皆仲良く相和して感謝の生活をせよ」を素直に守り、「憎しみ、嫉み、そねみ、羨み、呪い、怒り、不平不満、疑い、迷い、心配心、咎めの心、いらいらする心、せかせかする心」を起こさないように心の調整を図ることである。

今や、宇宙の牢獄であった地球の位置が向上して、優良星界人と交流し得る新時代に入った。心の調整のできない人々は、すべてこの地球から他の天体に追放されて、なお一層洗心するように神に命ぜられる日がやってきたのである。今までは、我欲に充ち満ちている人も地球上で生きることを許されてきたが、洗心に目覚めず、我欲を縦《ほしいまま》にする人はもはや地球上に残されなくなったのである。現在不幸や病気に見舞われている人も、その魂が低級であるからこそであって、その儘《まま》では何れ地球上から追放される運命にあるのである。

社会的な地位や名誉や金銭の獲得をもって人生の幸福と考えている地球人は、一日も早く目覚めて、まず洗心を実践することである。心洗いに努めれば、あらゆる不幸も病気も解消する。そうやって地球人としての真の人生の意義を体得して、初めて真の幸福が訪れるのである。

天災地変はなぜ起こるか

今年の天気は異変の連続で、「日本の季節は狂ったか」と、気象庁の予報官たちも相次ぐ異常気象に頭をかしげている。冬の寒波大雪、春先の暖波襲来と、異常乾燥反転して集中熱波大雷雨と、異変のオンパレードだ。今年も前半を終わり、間もなく梅雨明けとなり、暑さと台風のシーズンを迎えるわけだが、気象庁天気相談所も今までの天気を見て、どうしても今年は荒れ気味だ、災害を引き起こす気象異変が多過ぎる。夏の暑さと台風に十分の警戒が必要と警告している。

――以上は、昭和三十六年七月十三日付の毎日新聞に掲載された記事である。

地球人はオリオン文化を吸収しているために、天災地変が何から起こっているかを知らない。それは、学校教育が宇宙創造神を締め出したオリオン星座の邪悪なる霊波の支配下にある教育であるために、すべての人が理念を失わされているからである。上層階級をはじめ、すべての人が悪魔の支配下に入り、個人主義、自己中心、自己満足の心で生きているからその原因さえ知ることができず、まして、どうして生きてよいのか、天災地変を避けるには簡単な方法があるのに途方に暮れている始末である。

昭和三十六年七月十一日に、宇宙創造神は天災地変について神示を下された。「地球、日本、東京は地球の中心の地である。ここに住む人間の心が汚いために天災地変をもって神の存在を知らしめるのであるが、なかなかそれをわからせることができない。神は、取次の器械を通して知らしめようと努力をしても、悪魔の支配下に入っている人々は見向こうともしない。上層部が駄目だ。上層部の間違った指導のもとに地球人は不幸に陥っているのである。神を知らず勝手気儘に生活をしているものは、上層部はじめ、すべて処理する時が来た。よく肝に銘じて心を洗い清めるように努力をなせ」との言葉であった。

しかし、このようなことを発表しても、上層部はじめ大部分の人々は悪魔に支配されている頭であるから、振り向こうともしないありさまである。

取次の器械（田原澄）が初めて神とつながらせていただいた頃、「唯今《ただ》より雨を降らす」と神が仰せになると雨になり、雷を伴ってまいると仰せになると雷が鳴り出し、びっくりしたものである。地球人は科学的に計算をしたり、予報を出したりしてもその奥の神の存在を知ることができぬために誤りが多いのであるが、そのことを伝えてもなかなか納得できないのは、地球人の頭が低級であり狂っている証拠である。

天候が狂っていることは人間の心が狂っていることである。国民全体が目覚めて自らの心の誤りを知り、心を洗い清める時、狂っている天候はもとにかえるのであるが、心と天候と何の関係があるのだろうかと、悪魔が入り込んでいる人ほど、これを素直に受けとることができない。上層階級はじめ、すべての人々がこのような間違った心であるから、地球は大変に不幸である。取次の器械が優良なる星の世界と交流してびっくりすることは、星の世界の人々は指導する人々が非常に素直で宇宙創造神の教えを守り、宇宙の法則に従って生きているので、自他一体の愛の心に満ちていることである。地球上のいたるところで不幸が多いのは、上層階級が威張って悪魔の支配下に入り、宇宙創造神の御存在さえ知ることのできない無知なる人々であるためである。

特に日本は、邪霊学である教育を採り入れているためにすべての人々が理念を失い、正しい神の教えを知ることができず、自己が中心であり地球の幸福になることなど考える余地もない、腐った心を持って生きている。

上層階級の人々が早く目覚めて心を洗い清め、多くの人々に不幸が起こらないように努力をする時、すべての天災地変は消えるようになる。が、上層階級になるほど頭の中に大変な悪魔が入り込んでいるのであるから、この悪魔が退散して正しい神の理念が分かるまでには大変な時日を要するのである。

天災地変と人心の関係

地球に住む人類は、大昔から天災地変は免《まぬか》れぬものと思い込み、来るに任せて生きている。

取次の器械（田原澄）は、宇宙創造神と波長を合わせて、地球人がいかに間違って生きていたかということをはっきりと知ることができた。宇宙創造神と波長を合わせる時、優良星界人と交流することができ、地球が宇宙の牢獄であるということを、はっきりと知ることができたのである。

優良な星界人は、自他一体の愛の心で宇宙創造神の御教えを素直に守り生きているために、感情を出すことなく、不幸、病気一切なく、幸福に生きている。このような星界人の姿を拝見し、地球が如何に汚れた所であるかということも確《しっか》り分かるのである。

地球の位置が宇宙の牢獄であるということを知った時、自分が地球になぜに生かされねばならなかったかということもはっきり分かった。それは、優良なる星界人は自他一体の愛の心で生きているということである。われわれ地球人は自己が中心で、自己の繁栄、自己の幸福のことは冀《こいねが》うが、地球の幸福を願う人はいない。即ち、宇宙創造神の御教えを守って生きる人はいないのである。

地球人は宇宙創造神の御存在を知らないのである。人を指導する最高指導者が宇宙創造神の御存在を知らず、御意図を知らず、勝手気儘な自己流の知識をもって人を指導している。このような間違いが地球を不幸にしていても、これを知る人はほとんどいない。

それは、地球人が今日までオリオン文化を最も正しい在り方であるとし、宇宙創造神と波長を絶《た》ち、暗黒な生活を続けてきたからである。自分が暗黒なる地球に住んでいる、という自覚がないどころか、自分は大変学問をしている、自分は技術が勝れている、自分は大変立派に生きている、自分は愛国心に富んで、公共施設に対しても正しい理解をして多くの人々に貢献している、というような間違った考え方をしている。

社会の機構は、まず学校の成績にかかわっている。学校の成績の良い人々が指導層に立って人々を指導しているのであるが、その学校の教育がオリオン星座の邪悪なる霊波の作用によって行われているものであることを、今もって誰も知ることができないのである。

地球人は我欲が強く、見たい、聞きたい、知りたいという欲望を持っている。何でも知識欲を旺盛に持つことは、大変立派なことであると思い込んでいるから、誰一人として学校教育の在り方を怪《あやし》むことなく、正しい在り方であると思い込んでしまったのであるが、学校の教育は記憶力と思考力のみを増強させるようにできている。そして地位と名誉と金銭を絡《から》ませ、学校の成績如何が社会のすべてに反映するように出来ているのである。

我欲の強い地球人は、学校教育が最も正しい最高なものであると思い込んで、三次元の低い頭脳の人々を造り上げて、これを正しい在り方であると思い込んでいるのである。

このような生き方は、競争心を持たせるようにできているために、心を分裂させて、四次元の世界、即ち、神霊星界のことについてなんら分からない低級な人間を造ってしまっている。ところが、文部大臣はじめ、指導層においては、自分が低級な人間であるという認識なくして指導しているのであるから、地球が幸福になり得ないのは当たり前である。

取次の器械は、十年前、宇宙創造神に「お前は最も低級なる女である。自惚れと自尊心と自信に充ち満ち、希望という心を持っている。そのような心は最も低級である」と言われた。その時、実にそのとおりであると思ったのである。

取次の器械がもし高級であったならば、学校の教育を受けたとき、このような教育方法は間違っているということが分かったはずである。それが分からないで、正しいと思い込んで、学校教育で培われた観念想念をもって四十歳になるまでそれを堅持していたということは、神が仰せになるように、取次の器械は最も低級な存在である。

そこで、神がそう仰せになるならば、やはり神に従って生きるように努力をしなくてはならぬと思ったのである。周囲の人々がいかに反対をしても、自分だけでも宇宙創造神の御教えに従って生きる努力をしなくてはならぬと思ったのである。

われわれ地球人は、自分が中心であるために、ご法度の心を起こして生きている。そのような心を出してはならぬと仰せになっていても、絶えず間違った心でいるために、これを正すには大変困難をきたしたのである。

しかし、心の調整を図り、心のスクリーンが清まると同時に、地球人がいかに汚い低能なる人間であるかということが、はっきり分かるようになったのである。

地球人は国語や算数、社会や理科などに分類された学問を身に付けているが、学校教育で満足しているために、地球の宇宙間における位置、宇宙の構成、宇宙創造神の存在、その御意図、地球外の天体の在り方、死後の世界の霊界の在り方など、誰一人感知することができない状態である。学校教育は、記憶力、思考力のみに力を入れているために、判断力、理解力、創造力に乏しい人間を造り上げて、国造り、人造りなどと騒ぎ立てている。根元を知らずして、三次元の頭脳で国造り、人造りでもないのであるが、根元を知らない指導層は、オリオン文化的な頭脳をもって、これを最も正しい在り方であると思い込んでいるのであるから、地球が幸福になれようはずがないのである。

頭脳をもっていかに捻《ひね》くり回してみても、人間の力で天候を変えることはできない。人間が宇宙創造神の御教えに従い、心の調整を図る努力をすれば、必ず宇宙創造神と波長を合わせることができるのである。そして、宇宙創造神の御力が加わってくるので、天候を変えることさえ可能なのである。

優良なる星界においては、天災地変は一切ない。星界人は、自他一体の愛の心を持っているために毒素を発散しない。ゆえに悪波を持っているものはいないのであるが、地球人は、神が出してはならぬと仰せになる御法度の心を出して生きているので悪波が多い。

優良なる星界と交流することによってしっかりと知り得たことは、地球人の外界に漂っている悪魔の偉大さであった。三千年の長きにわたり、この悪波に作用されて、地球人ほとんどが動かされて生きてきていることをしっかり知るに及び、大変なことであると思ったのである。

取次の器械も、不良であるがためにこの地球に降ろされたものであることは、心の調整を図ることができて、宇宙創造神と波長を合わせて優良宇宙人と交流することができるようになって、しっかり知ることができるようになったのである。

優良なる星界においては、自他一体の愛の心で生きているのであるが、地球人はほとんどすべてが自己が中心である。自分の幸福のみは冀《こいねが》うが、多くの人々の幸福になることを思うことはできないのである。また、中には世界平和運動を起こすことが最も立派な行為であると思い込み、世界平和運動を唱えることにより満足をしている人々が多く見受けられるのであるが、このような心を持つ人の背後には、強烈な悪魔が憑いていて、かえって世の中を不幸にしている。文部省認定の低い学問を最も正しい在り方であると思い込んで、それで培われた頭脳、心を持って生きている人ほど世の中を不幸にしているのである。お節介《せっかい》な人は、このような運動に参加すると、自分は大変世の中の役に立っていると自負する心を持ち、多くの世の中の人々が間違っているような錯覚を起こしがちである。そして、自分がそれを正しいと思うと、自分の信じている教えに引き入れようと努力をするのである。

各宗教団体が何がしかの不思議を解き、病気を癒すことができるために、自分の幸福のみを考えて生きている人々は、悩みを救ってくださる方は大変立派を存在であると思い込み、その団体が盛んになってくるのであるが、これらは大変な盲信である。

地球上には各宗教団体がある。キリスト教、仏教、神道、各新興宗教等、数え切れないほどであるが、地球上に宗教が蔓《はびこ》るほど地球は不幸に陥っていくということを、取次の器械は宇宙創造神と波長を合わせることによりしっかりと分かることができたのである。

政府では、「信教は自由である」と、憲法によりこれを許したがために、許された宗教の背後霊は猛威を振るい、大変な勢力を振るっている。だが、地球人はそれを知らないのである。

昭和三十七年十二月の下旬より、地球は優良星界との交流のできる年に入る。キリスト教背後霊は、これまで千九百六十年間、地球上で自分の思いどおりのことを行い、オリオン文化を造り上げてきたが、昭和三十八年に入り、地球内に取次の器械が完成して、宇宙創造神としっかり波長を合わすことができるようになり、東京の上空に宇宙創造神の御力を頂けるようになった。そのせいで、背後霊は暴れ、北陸や南国の雪となって日本人を悩ましたのであるが、こうしたことは文部省認定の学問を受けた低い次元の頭脳の人々には全く分からないことである。

宇宙創造神と波長を合わすことができるようになると、天災地変を起こす背後霊を捕捉できるようになるために、天災地変を起こらなくすることができる。

地球人は立派な教えを観念では知っているのであるが、心は錆《さ》びつかせている状態である。このような間違った在り方が今日の不幸であっても、各自知ることができないままに、唯自己の地位、名誉、金銭のみに憧れて生活を営んでいるのである。このような間違った心であるからこそ、天災地変を来るに任せて生きているのである。

総理大臣はじめ、多くの人々が地球人の起源を知らず、宇宙間における地球の位置を知らず、地球人が地球に降ろされた意義を知らず、如何に生くべきかを知らず、大宇宙の構成を知らず、宇宙の法則を知らず、死後の世界を知らず、低い次元の頭脳で人々を指導しているのであるから、地球人が不幸でないわけがない。

二月二十七日には、東京の上空は大変良い天気であったが、午後一時頃に曇り始めた。それは、マホメット教（回教）、ヒンズー教、ユダヤ教、仏教等の背後霊が北斗七星より悪魔を召集してきて襲いかかってきたからである。取次の器械は早速悪魔祓いをして、一時間半の後には大変良いお天気に変わった。が、それから約一時間くらいしてからまたもや曇り始めた。それは、その教団の背後霊であった。それを祓うことによってまた元の状態に復したのであるが、このような宗教の背後霊は、信じている人の心の中で育って天候までも変える力を有する。だが、地球人はそれを知ることができないのである。

雨雲も宇宙創造神が造られるもの、邪神の起こすものとあり、気持の良い雨は、宇宙創造神の降らされるものであり、気持の悪い雨は、邪神のものである。このようなことを書いても、我欲の強い悪魔の入った人々は分からないことであるが、心を洗い清めることに努力をされる人にはしっかり分かるようになるのである。

天災地変と人心との関係は、三千年の間、不良星界の支配下では分からないことであったが、優良星界と交流できるようになった今日は、しっかりと分かることのできる状態に入った。

文部省認定の学問を最も正しい在り方であると思い込んで大学を目指して勉学に勤《いそ》しんでいる人ほどこのようなことが分からないのは、不良星界の支配下の学問を最も正しい在り方であると思い込んで、欲張って、間違った観念を持って生きているから分からないのであるが、心の調整を図り、宇宙創造神と波長を合わせ得る心の状態になる時、天災地変と人心との関係はしっかり分かるようになるのである。

地球人は無知無能であるために不幸であるのであって、根元の分かる宇宙創造神の御教えをしっかり守り、心の調整を図る時、はっきりと分かるようになるのである。

取次の器械は、世にも低級なる女であるが、地球に生かされた意義を知り、如何なる困難に遭遇しようとも神の教えを守り、地球が幸福になる努力をしなくてはならぬと思うのである。

平和運動を唱えたり、祈ったりするのは、悪魔を呼び、地球を不幸に陥らしめるが、この教えを守り、神と波長を合わす時宇宙創造神のお力が頂けて、悪魔を除去する力が出るのである。天災地変を防ぐために奨《すす》めて平和運動を唱えることはかえって、世の中を不幸に陥らしめることである。それは背後霊の手先になり、かえって天災地変を起こすからである。

平和運動を盛んにやってきた、さる教団の信者は背後霊に使われて、かえって世の中を不幸にしてきた。そうした悟りを開かない限り、いつまでも立派な言葉を使いながら世の中を不幸にするものであることを断言する。

〝言葉の力〟というのは悪魔である。宇宙創造神はこのようなことは仰せにならないのである。

高級なる地球人は、まず心の調整を図り、今日までの間違った自己の心の非を悟り、真理に明るい自分にかえり、天災地変と人心との関係をしっかり分かる立体科学を学ばねばならぬ。

愛国心はかえって国を滅ぼす

「世界平和の祈り」が最近とみに強まっているが、多くの人々が世界平和の祈りをすることによって平和が訪れると考えることは甘い考えであって、無知も甚だしいものである。ある宗教団体等は、日の丸擁護運動なるものを展開して愛国心の高揚を図っているが、こうした行為も全く愚かなことである。

真理を把握することのできない低級なる人々は、姿、形に捉われやすく、うわべの言葉と行動に眩惑《げんわく》されて右のような愛国運動を立派であると思い込んでしまうのである。

地球人は、地球が宇宙のどのような位置にあるかを知らない。事物の根本も知らずして、ただいたずらに今日までのオリオン文化の基をなした学問を正しいものであると思い込み、低次元の頭と心で生きているから、霊波念波の存在もその作用も知らないのである。

取次の器械（田原澄）は、宇宙創造神の教を守り、心の調整を図ることによって、地球外に出て宇宙的観点から地球を見る能力を与えられ、地球人が如何に低級であるかということをはっきりと知ることができた。

大宇宙には無数の星がある。この星々の三分の一が優良星界で、三分の二が不良星界である。地球人の祖先は、優良なる星界人の中の厄介者や悪人であって、今より約三千年前、宇宙創造神が一括してこれらの人々を地球にお降ろしになり、地球を洗心の道場、即ち宇宙の牢獄となさったのである。もともと不良や厄介者である祖先達は、宇宙創造神の教えをなかなか守ろうとせず、我欲を縦《ほしいまま》にしているうちに、不良星界であるオリオン星座の悪魔の支配下に陥り、以来宇宙創造神の光と力から遮断されて、三千年の星霜《せいそう》を経て今日に到《いた》ったのである。

優良なる星界においては、嘗《かつ》ては自分達の同胞であった人々が一日も早く幸福な生活に帰っていただきたいと念願しているのであるが、地球は隔絶されてしまって優良なる星界からの通信を受け取ることができない儘に今日に至ったのである。

今から十年前に、この地上に神界霊界星界と通信のできる取次の器械が誕生し、その取次の器械は絶えず宇宙創造神と波長を合わせている。それゆえ、地球に屯《たむ》ろしている不良星座の悪霊波を捕捉して、眠っている地球人の理念を呼び醒《さ》ます努力を続けているのであるが、もともと我欲の強い地球人はその欲に負けて、宇宙創造神の教を聞きたがらないのが現状である。この人ならばと思われる人ですら、頭ではしっかり理解できるにもかかわらず、なかなか心の面が伴わないのである。心を錆び付かせた儘でわが儘気儘な生活を続ける結果、そのような心から発散する毒素のために、お互いに傷つけ合い殺し合っているなどとは、全く知る由もないのである。

日本は、明治時代から文部省制定の教育を強制されている。見たい、聞きたい、知りたいという欲望の旺盛な人が指導層にあって、オリオンの悪魔の支配を強く受けたために、誤った学問を基礎とした教育を全国民に強制し、それが今日に及んでいる。

このような学問や教育の在り方を「オリオン文化」と称するのであるが、オリオン文化に浸り切っている人たちは、低次元の頭脳、即ち五感の世界を超えることができない頭脳でありながら、それを最高であるかのように思い込んでいる。オリオンの悪魔は心を等閑《なおざり》にして矢鱈に知能を伸ばすように地球人を誘導すべく、あらゆる努力を払ってきた。そのため、地球人は記憶力と思考力のみを重視し、心の育成を無視するようになり、今日では神の真理を理解できないまでに至っている。

オリオン的学問を学べば学ぶほど、心に分裂を起こし、真理の理解は全く不可能になるのであって、そこがオリオンの悪魔の着け目である。

総理大臣をはじめとして、上層部や指導層の人々に、正しい理念を持ち、宇宙創造神と波長を合わせ得るような人物があったならば、地球人も優良星界人と同じように自他一体の愛の心に満ちた楽しい生活ができるのである。しかし、悲しい哉、指導層の人々がすべてオリオンの悪魔の支配下であるために、地球上のあらゆる事物が行詰まりの状態に陥り、その行き詰まりを打開する術《すべ》すら分からず、日一日と傾きつつある世界の現状を憂えている。各国においても、世界平和運動が提唱されながら、オリオンの悪魔の支配下にあるために、全く実効が伴わないのである。

世界平和を実現すべく祈りを捧げることは大変良いことであると考えるのは、頭脳が低次元であるためである。祈りというものをキリスト教では特に重要視しているが、祈りというものは、悪魔を呼ぶのである。

地球人は、姿形に捉われやすい。そのために祈りの姿を立派であると思い込むのであるが、人間が一生懸命、一心、熱心、真剣になる時は必ず悪魔を呼び、心身の奥深くその悪魔を宿して了《しま》う。けれども、低次元の頭脳と心の持ち主は全くそのことに気付かないのである。

キリストは、その弟子共のために磔刑《はりつけ》に遭い、天界に帰られた。その後、弟子共はキリストの教を世の人々に広めようと一生懸命、一心、熱心、真剣になって聖書を作り上げたのであるが、その時既に悪魔の支配下に陥っていたのである。併《しか》し、弟子共をはじめとして、地球人は低次元の頭と心であるために、その悪魔を見る力がなかったのである。

聖書の中に、「悪魔を見るものは悪魔なり」という言葉があるが、これはキリスト教の背後の悪魔が、己れの正体を見破られないように、地球人が真理に目覚めないように、弟子共の心に働きかけていた一つの表れである。筆者は、昭和三十八年一月二十五日にキリスト教の背後霊を捕捉して、その「知恵の袋」を破り、その背後霊が今日までのオリオン文化の総元締《もとじめ》であったことをはっきり知ることができた。

昭和三十八年の元旦から、宇宙創造神は東京に親臨遊ばされているのであるが、低次元の頭脳の持ち主である大部分の人々には全く分からない。わが国においては各地に豪雪が降り続いているけれども、東京は連日快晴である。たまに薄曇ることはあっても、直《す》ぐまた晴れ上がる。それは、宇宙創造神の取次の器械が出現し、三千年このかた栄えたオリオン文化が崩壊することを口惜《くや》しがって、キリスト教の背後霊が東京を目掛けて雲塊となって押し寄せる姿なのであって、取次の器械が宇宙創造神のお力を頂いてこれを祓い除けているために、一カ月あまりも好天が続いているのである。処が、東京地方以外では、その背後霊を祓う能力を持っている人がいないので、キリスト教の背後霊は思いの儘に荒れ廻って物凄《すご》い吹雪が襲いかかり、人知人力では如何とも手の施しようもない状態に陥っているのである。

うわべばかりの言葉や行動をもって世界平和運動を展開してみたところで、何の役に立つものではなく、むしろそのような運動に参加する人々の心身に背後霊が奥深く入り込んで、地球をますます不幸に陥らしめるものであることを、低次元の人々は全く分かっていないのである。

或る日、或る少年が電話をかけて寄越《よこ》した。少年漫画雑誌『週刊少年サンデー』に当会の紹介記事が掲載されたのを読んで、もっと詳しく知りたいという意向であった。今までの地球人のような低次元の心では、なかなか理解できるものではないから、直接教室を訪れてください、と云った処、早速訪ねてきて、いろいろ見聞し、その後二度三度訪ねてくるうちに、少年の人柄が見違える程立派に変わってきた。

そのことに気付いた学校の先生が、不審に思っていろいろ訊《たず》ねたので、少年は有りの儘を話した処が、「宇宙学教室」とやらに通っているということは、気が変になっている証拠だからと、児童相談所へ行くようにと命ぜられたそうである。児童の教育を担当する学校の先生が「宇宙学教室」の内容を聞いて、そんなことに興味を覚えた少年を狂人であるかのように思い込んだということは、その先生の頭脳に凝り固まっているオリオン的学問を妄信して、「宇宙学教室」という名称を聞いただけで否定的態度を執らしめたオリオンの悪魔の仕業であって、世の指導者のほとんどがこの先生と同じように低次元であるからこそ、地球人が真の幸福を把握することができないのである。

文部省制定の教育の在り方というものは、オリオンの悪魔の支配下に陥っている人々が定めたものであるために、その人々が、宇宙創造神の御存在すら知らず、御意図を知らず、宇宙における地球の位置を知らず、地球人の起源を知らず、地球外の天体である星界にも人類が住んでいることを知らず、死後の世界の在り方も知らぬ。そのため、このような人生の根本義については、何一つ教育の中に織り込まれていないのである。

記憶力と思考力以外のものをすべてないがしろにするような低次元の歪《いびつ》な頭脳の持ち主が指導層に立って音頭をとっている限り、地球人の真の幸福は訪れるものではない。にもかかわらず、不明暗愚なる人々は、愛国運動や平和運動に身を窶《やつ》して、いかにもそれが達成されるかのような錯覚に陥っている。

今までの思想や観念から出発した平和のための機構、例えば国際連合の如きものは、結局低次元の頭脳から割り出したものであるために、真髄を衝《つ》いていないから、所期の目的がなかなか達せられず、紛糾《ふんきゅう》が絶えないのである。病気や身辺の不幸など、卑近の事柄の真因すら掴《つか》み得ないような状態で、愛国心や平和希求の念に燃えて低次元の運動に身を窶《やつ》すことは、世の中をいたずらに不幸にするばかりである。地球学的には、如何に秀れた頭脳や才能があるにしても、真理を弁えずしていたずらに国を憂えていろいろな運動を展開すればするほど、地球はますます汚染されるばかりであることが断言できるのである。

どの宗教の信者も概ね同様であるけれども、殊《こと》にある教団の信者は、その教義を妄信しているからこそ、一人でも多くの人々にその教えを広めようと努力しているのであるが、その背後霊は、宗教の背後霊の中でも最も凶悪な悪魔であって、その魔力は日本全国はおろか、遠く海外までも波及しており、今や収拾つかないまでの状態に立ち至っている。それらの信者たちの心身の奥深く宿っている悪魔の量は莫大なものであって、一度《ひとたび》その悪魔が宿った人はすっかり判断力を失って、唯盲目的に信奉してしまうのである。オリオン文化に心酔し、我欲の強い人ほどその信奉者になっているのであって、日本の上層部や指導層にその信奉者が多数にある事実からして、日本がいよいよ腐敗の一途を辿《たど》っているのも当然だと云えるのである。

その教団の背後霊団は、土星（外星）の悪魔がこれを牛耳っているのであるが、教祖自身すらそのことについて全く知る由もない有様であり、そのような無知無力な人物を教祖として崇《あが》め敬《うやま》って生き神様のように拝んでいる信者達は世にも低級な人達であると云うべきである。

宗教は阿片である。うわべだけのまことに有難い教えを説き、愚直な人々を集めてその背後に在って支配する悪魔が思いの儘に操っている。それであるから、如何にも立派な外見とは逆に、信仰心の篤い人ほど世に害毒を流しているのである。

また、地球学的オリオン文化的に秀れた頭脳を持ち、唯物思想に凝り固まった人々は、宇宙創造神とか、その教えとか、心の面からしか通じ得ない事柄に対しては、すべてこれ宗教という名のもとに片付けて一顧もしないが、これも大きな誤りである。地球学は、「なぜだろう？」という疑問や仮定から出発したものであるから、このような学問に心酔する人々の心は常に分裂しているために、筆者の説くところについては全く理解することができないのである。

宇宙学は、宇宙創造神に生かされているのだ、という自覚の下、神に対する敬虔と感謝の心がその出発点であり、神界霊界星界に関する人生の根本義を具さに感得した上での学問であって、この宇宙学を理解できないような人々は最早《もはや》地球人として地球上に止まり得ない新しい時代に突入しているのである。それは、過去三千年の長い間に亘って不良星界の支配下にあった地球が、昭和三十八年から優良星界と交流し得るようになったからである。これを宇宙の法則というのであるが、最早今日においては、不良星界の支配下時代の事物に捉われていてはこの地球上に生存を許されなくなったのである。

　地球人は従来のオリオン文化のすべてを正しい在り方として生きてきたために、その頭脳も心も低次元であり、さればこそ、さる教団のような凶悪な背後霊を持った宗教を最高の教であるかのように妄信するのであって、世の人々が宇宙創造神の教えを実践し、常に心の調整を図るならば、国を滅ぼす愛国運動など起こらないのである。

　その教団を初めとして、悪魔の支配する宗教が、信教の自由を憲法で保障しているために野放し状態になっているからこそ、集団事故などの不祥事が次々に起こるのであるが、そのことを上層部指導層を初め誰一人知らない。それは、新しい時代に入った今後の地球においては許されないことである。

　愛国運動はかえって国を滅ぼす行為である。世の心ある人々よ、真に地球人の幸福を祈念するものならば、地球人挙《こぞ》って宇宙創造神の教えを守り、ご法度の心を決して起こさないように絶えず努力することである。

　心洗いを日夜実践するならば、愛国運動等愚劣極《きわ》まる行為であることが火を見るより明らかに分かるのである。

愚かなる地球人

地球人は、自分が愚かな者であることを知らない。それは、我欲が強く、三千年の長い間、不良星界の支配下に入っていたからである。筆者（田原澄）は、己れの心の非を悟り、心を洗い清めることに努力して、地球人全体が間違った生存をしているということをはっきりと知ることができたのである。

愚かなる地球人は我欲強く、文部省認定の学問をすべてと思い、それで培われた頭脳、心をもって生きている。心を分裂させた在り方であるために、幸福の対象は、地位、名誉、金銭を出るものなく、自分は最も立派であると各人がそれぞれ思って、我欲に充ち満ちて生存を続けているのである。このような地球人は、死後の世界を知らず、地球が宇宙の何処に存在しているか、それを知らず、地球外の天体の星の世界の在り方を知らず、大宇宙の機構については、何一つ知ることができない無知なる生活を続けているから、心配事が多いのである。

優良星界と交流してみると、星の世界の人々は宇宙創造神の教えを守って、自他一体の愛の心で生きている。地球は宗教が蔓《はびこ》って、善人になりたいと思う人は、宗教の背後霊に操られて、かえって世の中に害毒を流しているのであるが、地球人はそれが分からない。宗教人ほど立派に生きていると自負して、毒素を撒き散らして地球を不幸にせしめている。目に見ることのできない神の話でもしようものなら、地球人は、すべてこれを宗教に片付けてしまう悪い癖があるが、筆者は神の教に従い、心を洗い清めることによって、宗教程、恐ろしいものはないということを、立体科学的に立証することができるのである。

宗教団体が、多くの集会を拵え、神の教を説き、いかにも立派であるが如き錯覚を起こさせて、低級なる地球人を間違って指導してきたのであるが、宗教人そのものが、自分の間違った思想を知ることもできないで、病人を救い、世の中を救いしているかのような誤りを知ることもできなかったのは、愚かなる地球人であるからである。

地球人は神を崇拝し、それを伝える人々を生き神のように祭る癖がある。祭られる人はそれを嬉しがって、自分が神になったような錯覚を起こしている。ここに愚かなる地球人の悲劇が始まるのであるが、当人はそれを知ることもできないような状態である。

筆者は、地球人でも最も愚かなる人間である。無知なる人間である。低級なる人間である。そのためにこの地球に降ろされたものであるとの自覚を新たにした時、初めて宇宙創造神と波長を合わすことができるようになったのである。神と波長を合わせてみて、四十歳になるまで、神を知ることもできず、勝手気儘な心で生きていた不良な自分の心が、いかに低級なものであるか、はっきり思い知ることができるようになったのである。このような低級なる心である故に、不幸であるのは当然であるが、地球人は、己れの低級さ加減を知ることができない。大部分の人が、自分は最も勝れた人材であると買い被って生きているのである。

政府の要人が、教育の関係者が、宗教の解説者が、一般人すべてが、不良星界指導の下に三千年間の歴史を造られた中に生存している自分を知ることもできない儘に生きている。その中にあって、宇宙創造神と波長を合わせ、優良星界よりの通信を間違わないように地球人に伝えることは大変困難な仕事であったが、宇宙創造神の御教えを守り、心の法則に従って生きる心にかえる時、可能であることをはっきり言えるのである。今日まで、宇宙創造神と波長を合わせ得る人がいなかったので、宇宙創造神の御存在が地球人に分からなかったのは当然である。

さる教団の教祖は、筆者のことを低級な霊媒者であると片付けてしまうが、その教祖自身、実は土星の悪魔が宇宙創造神の真理を盗んで伝えているものであることを知らなければならない。真理を説く教祖が、矢鱈に外国に出かけてみたり、教団を造り、金儲けをすることは、宇宙創造神のなさることでなくて、神を騙《かた》る悪魔の手先になっているものである。愚かなる地球人は、三千年の長きにわたり、その教祖の背後は悪魔であって、地球全体を不幸にせしめる輩であることを知らず、大先生と拝んでいるのであるから、日本人が幸福になれようはずがないのである。

宗教は肉眼に触れることができないために、普通一般の人々は欺《だま》され易い。宗教人は、多くの人々の弱点を衝いて、見えない世界を間違って伝えている。そのため、教えられる方は、それを盲信して、それから脱却することができない。これすべて地球人が愚かである故である。

学校の教育も、日本は明治時代より間違われて伝わっていても、誰一人としてそれを気付くことができなかった。それは。地球人が愚かで我欲が強かったからである。

地球人は自己が中心である。自己の幸福のみは一生懸命に図るが、多くの人々や、地球のことについては考える余地がないのである。このような間違った心のために、毒素を発散して悪魔と倶《とも》にあり、この地球を滅ぼす輩になっている自分を気付くこともできずに、日の丸運動に参加している。善行を積んでいると、自分を買い被って世の中のためになっているということを自分で思っているほど世の中を毒している。これは地球人が愚かであるためである。

神も悪魔も、われわれ地球人の肉眼に触れることができない。まして、我欲が強く、心の分裂している人々には、何方《どちら》の存在も分からないのである。不良星界では地球人にどちらも分からないような心に仕立て、地球人が不幸になるようにオリオン文化を発達せしめたのである。我欲の強い地球人は、益々我欲を増強せしめて、今やその終局に達していても、それを誰一人として気付くことのできない状態であるということは、地球人が愚かであるからである。

筆者は、優良星界人と交流するに及び、政府の要人の誤り、教育指導者の誤り、宗教家の誤り、社会の機構の誤りをはっきりと知ることができた。

地球は、三千年の長きにわたり、不良星界の支配下にあるために、階級制度が最も正しい在り方であると考え違いをしているが、優良星界にはそのようなものは何もない。すべての人々が宇宙創造神の御教えのとおりの心であるために、御法度の心を起こすことなく、毒素を発散しないから感情的でない。理念に強く生きているのである。

地球人は、常に感情が発達して、感情家でないものは人間でないような錯覚を起こして生きている。このような根源の誤りが地球人を不幸にしているのであるが、愚かなる地球人は、それを知ることもできないような無知なる生活を続けているのである。

図書館にある書籍ででき上った頭脳、心でいかに努力をしてみても、正しい在り方は一切出てこないことを知らなくてはならない。愚なる地球人は、過去にあった事だけを見詰め、それ以上に出ることのできない、狭い、固い、暗い心を持っている。このような心が地球人を不幸にしてしまっていても、それを知ることができない。

学校では何でも予防接種をすることを奨励しているのであるが、それを奨励している人々が根源を知らずに強制するために、かえって予防接種を受けたために、不幸を起こしている人々も少なくない。地球人が根源を知らない愚なる心から起こっている悲劇であるが、誰一人として唯今地球人の行っていることに対して疑義を抱くことができないのは、地球人が愚かであるからである。

また、仏教信者が仏教は正しい良い教えであると思い込んでしまうのも愚かであるからであって、高級なる地球人であったならば、そんなことを信ずることもできなくなる。教えが立派であるからと仏教を信じている人々は、自分の心の奥底に悪魔を容《い》れて、大変な毒素を吐き出して多くの人々に大変迷惑をかけていることを知らなければならない。一たび自分が信じていることが正しいと思い込んだが最後、神の出してはならぬと仰せになる御法度の心を起こしがちであるのが普通一般の宗教の在り方であり、これは愚なる地球人のなす業である。

筆者は、宗教会議に一回列席させて頂いて、宗教の実態はすべて悪魔であることを知った。より良き言葉を並べ立て、表面は大変立派そうであるが、裏面において汚いのは宗教であり、社会を乱《みだ》し、穢《けが》し、大変社会に迷惑を掛けている。にもかかわらず、それに携《たずさ》わっている人は、自分が唯今行っていることは正しい行いであると思い込んで生活をしているのである。

愚かなる地球人は美辞麗句に踊らされ、迷わされて、教が立派であるからと、それに食い下って自己満足しているにすぎず、悪魔の餌食になりながら、哀れな自分の姿を見ることもできない。信仰心の強い人ほど地球を滅ぼしつつある輩であったということを発表しようものなら、信仰心の強い人々から攻撃を受けるのも当然である。もしこのようなことを発表しても、怒ることなく、神と共にある人があったならば、その人こそ実に尊い立派な人と云えるのである。このような人が多くなると、地球は大変幸福に変わっていくのであるが、世の中を良くする運動で自分の信ずる教えを広めようと折伏するが如きは、大変凶悪なる悪魔が支配しているものであり、地球を滅ぼす輩である。

いかに良い教えでも、決して人に強要してはならぬ。神ははっきりと仰せになる。それは唯、各人の自覚にあるのみであって、自覚のないものは容赦なく処分され、三分の一が地球に残り、優良なる星界人が地上に降り立って指導をされる。これが今後の地球の在り方である。

永い間、不良星界の支配下にあった学問を最も正しいものであると思い込んで生活をしてきた人々の凋落の時が来たのである。地球人は須《すべから》くまずそれぞれの心の非を悟り、己の心を改めて、愚かでない高級なる地球人にかえらない限り、今後この地球には住めない。

愚なる地球人よ、我欲を捨てて心の調整を図り、神霊星界のしっかり分かる心にかえる努力をすることである。

貴方は知っていますか？

あなたは知っていますか？　私共の住んでいる地球の位置は？　私共地球人はなぜにこの地球に生かされているか？　地球外の天体の星の世界の在り方は？　大宇宙を構成し給う宇宙創造神の御存在と、その御意図とは？　地球人の肉体が滅びた先の生存は？

このような質問に対して、はっきりした答えのできる人は一人もいない。それは、地球人が我欲強く、見たい、聞きたい、知りたいという欲望に充ち満ち、頭脳を使うことが最も大切な方法であると考え違いをして、今日図書館にある書籍を頭の中に詰め込んで出来上がった知識を最も正しい在り方であると思い込んでしまったために、心のスクリーンが濁り、心の窓を閉じてしまったからである。

日本は、明治の初期より、文部省認定の学問を最も正しいものと思い込んで、記憶力と思考力のみ発達させる教育の方法を奨励してきた。それは人の物真似であり、即ちオリオンの悪魔を沢山吸収した頭脳の持ち主が音頭を取って、国民を国法で縛《しば》り、学校教育を強制したものである。地球人、特に日本人は、低い頭脳のために、オリオンのこの政策にすっかり嵌《はま》り込んでしまったのである。我欲の心は、人間を低級にするのであるが、何しろ肉体を有している地球人は、この我欲を捨て切ることができないために、三千年の月日を要してしまったのである。

日本は特に、今より約九十年前に、文部省認定の学問を奨励して、外来の思想を目茶苦茶に導入してしまったために、我欲の強い日本人は、地位、名誉、金銭欲しさで、学校教育を最も正しいものであると思い込んでしまったのである。

オリオンの悪魔は、地球人が悟らないように、我欲の心の中に上手に入り込んでしまっているのであるから、一寸《ちょっと》でも我欲のある人々は気付くことができなかったのである。

三千年間続いた不良星界の支配下の地球ではあったが、昭和三十八年よりは、優良星界の支配下に入った。この暗黒の地球を救おうと、宇宙創造神は大変な御努力をなさって、地球内に取次の器械を沢山《たくさん》お拵《こさ》えになったのであるが、何しろ我欲の強いそれらの取次の器械は、宇宙創造神の教えを守ることができないまま、その使命を全うすることができず、霊界に帰ってしまった。

ところが、昭和二十八年七月、取次の器械として命を受けたこの器械（田原澄）は、カラッと我欲を捨て切り、天界の声を通ずることができるようになって、その結果、地球の位置が、優良星界と交流できる位置に変わったのである。

　この取次の器械は、四十歳に達するまで、オリオン文化を吸収し、間違った心を持って生きていた。その間は、大変苦しみの連続であったが、初めて、自分が取次の器械として生かされていることを自覚したのである。それは、自分勝手な心で生きることは許されないということであった。これがはっきり分かったならば、その我が儘な心を捨て切る自分の心にかえることが大切であるということを知ったのである。

　オリオン文化を吸収していた取次の器械は、封建思想強く、道徳心篤く、愛国心に燃えて、そのような心が最も立派であると自負し、自分程正しく生きている者はないとの錯覚を起こしていた。このような間違った心であったから、身心共に苦しみを生じ、運命も悪く、自分が正しいと思い込んでしたことがすべて反対の結果として現れ、大変な苦しみを生じていたのである。

　昭和二十八年七月、初めて自分の心の間違いの心を知った取次の器械は、その時までに知った知識をすっかり捨て切り、無の心になる努力を続けた。即ち、宇宙創造神の教えを守り、心の調整を図ることに努力をしたのである。それは、「強く正しく明るく、我を折り、宜しからぬ欲を捨て、皆仲よく相和し、感謝の生活をせよ」を守り、「憎しみ、嫉み、そねみ、羨み、呪い、怒り、不平不満、疑い、迷い、心配心、咎めの心、いらいらする心、せかせかする心」を起こさないように、心を整えることであった。

心を整えてみてびっくりしたことは、地球人全体が、間違った生活を正しいと思い込んでいることであった。自分達がなぜに生きねばならぬか、その意義を知らずに、唯々、肉体を養うことのみを中心に考えて生きていることであった。大部分の人々が、自己が中心であり、自己を幸福にしようと考えて生きていることであった。

そのような心は、地位と名誉と金銭を幸福の対象としており、神が出してはならぬと仰せになる御法度の心を起こしてたえず悪魔を身心内に入れ、悪魔の支配下に入ってしまっているのである。このような心では、宇宙創造神の光と力は断たれるので、たえず暗黒の生活を続け、病気、躓《つまず》き、障《さわ》りに苦しんでいる姿となるのである。

取次の器械が宇宙創造神と波長を合わし得て初めて知ることができたことは、地球の宇宙における位置であった。

地球は、今より約三千年前に、優良なる星界人の中の不良や厄介者であった者を一括して降ろされ、洗心の道場とされた場所であった。即ち、大宇宙間の牢獄であったが、その祖先は宇宙創造神の教えを守ることができないまま、我儘気儘な生活を営んでいる間に大宇宙間の不良星界の支配下に入り、三千年の月日を要してしまっていたのである。

優良星界人は、自他一体の愛の心で生きている。すべての人々が、宇宙創造神の教えを守って、素直な無の心で生きているのである。自分を振り返ってみて、我欲の強いその心を発見する時に、やはり、地球に降ろされねばならぬ霊であったことをはっきりと見ることをできたのである。

大宇宙には無数の星の世界がある。地球で知られている星の世界の三分の一が優良で、三分の二が不良であることも、大宇宙の星との交流ができるようになってはっきりと知ることができるようになった。

地球は、三千年前に、優良星界人の中の、不良や厄介者を一括して御降ろしになり、その人達の洗心の道場として、神がお造りになった場所であったが、地球人はなかなか宇宙創造神の教えを守ろうとせず、勝手気儘な生活を続けている中に、不良星界であるオリオン星界の支配下に入ってしまったのである。それで、今日の文化をオリオン文化という。取次の器械は、昭和三十四年の秋に初めてオリオンの悪魔と話をすることができるようになった。

その悪魔が囁くには、「地球人は非常に我欲が強く、われわれがその中に入り込むには、いとも簡単であった。われわれは地球人を占領し、われわれの思いの儘にしてきたが、お前のような大馬鹿者が現れて、われわれの生態を見破ってしまった。見破られると、今までのような活躍はできなくなる。今後、お前の心の中に神の光と力はどんどんと到達し、われわれの住み難《にく》い地球に変わるであろう。大変なことになった。困ったことになった」ということであった。

取次の器械は、三次元の低い頭脳で四十年間を過ごしてきて、初めて肉眼に触れることのできない霊界の在り方をはっきりと知ることができ、人間が如何に低級な頭脳、心で生きていたかということをしっかりと知ることができるようになったのである。

昭和三十五年七月二十一日、オリオン星座の邪悪なる霊波の元帥が、遂々《とうとう》この器械に掛って宇宙創造神に降伏し、オリオンに帰り、唯今では、大宇宙幸福のために大活躍をはじめているのである。この元帥が地球を統率している間、地球はオリオン文化で秩序を保つことができたのであるが、元帥降伏と同時に、オリオンの文化は急速に崩れはじめたのである。然し、三次元の低い頭脳の地球人には、この見えない世界を知る由もないので、このようなことに対しては無頓着に生きているのである。

昭和三十八年度に入り、地球の位置が変わり、優良星界と交流できるようになった。オリオン文化におさらばを告げて、大宇宙の法則を学び、優良星界人に仲間入りできる時に到着したのである。それは、取次の器械が完成して、宇宙創造神の声を通じ、優良星界人の通信を完全に伝えることができる状態に入ったからである。地球人は、もともと優良星界の中の不良や厄介者を一括された祖先を持つ人類であり、地球内に宇宙創造神の御光と御力が到達してくると真理に目覚めることのできる立派な頭脳と心を有しているのであるが、領導する者がいなかったために、オリオン文化にすっぽりと入り込んでいる姿であったのである。

宇宙創造神は、地球人の三分の一は地球に残ることのできる優良なる人間であると仰せになっている。裏返せば、地球人のすべては残れないのである。三分の二は、天災地変か病気か事故等によって、その個性に従って処理されていくのである。昭和三十八年度に入り、地球の位置が変わり、次元の相違のために、宇宙創造神と波長を合わせる心の持ち合わせのない者は、悪魔の手に掛って、どんどん地球より追放される仕組みになっているのである。

地球人は三千年間、不良星界の支配下に入り、階級制度を最も正しい立派な在り方であると思い込んでいたために、四次元の世界のことを知る能力を持たなかったのである。日本は、明治の初期より、オリオン文化を最も正しい在り方であるとして、世界中で最も奨励してきたのである。それは、日本が地球の中心であるために、オリオンの悪魔は日本人の指導層の中に沢山入り込んで、その者を占領し、日本人を一人残らず文部省認定の学問を受けさせるように、国法を以て縛ってしまったのである。然し、日本人は誰もそれに気付くことができない儘に、今日に及んでしまっている。日本人の間には、日本が西洋に立ち遅《おく》れていると思う心が強く働いていたので、外来の思想を取捨選別することなく取り入れてしまった。そのために、見えない世界のこと等知る由もなく、文部省認定の学問を最も正しい在り方であると思い込んでしまったのである。

地球人全体がオリオン文化に染まり、宇宙の法則を知ることもできない儘に、我欲を益々増長させて生きているために、最早、地球人の吐き出す毒素によって、地球は流星になろうとしていた。その一歩寸前に、取次の器械が完成して、宇宙創造神の御光と御力を頂けることのできる時に到ったことは、真に有難いことであった。

昭和三十八年三月二十五日、遂に地球、日本、東京の上空に、優良星界の人工衛星基地が設けられて、その基地より送られてくる通信によって、今後の地球人は生活を営まねばならぬ時に到ったのである。昭和三十七年度までは、不良星界の支配下にあり、文部省認定の学問で間に合ったのであるが、昭和三十八年度に入り、地球は優良星界の支配下に入ったのである。今日までのオリオン文化は消えて、優良星界と交流できる文化に変わるのである。

オリオン文化は頭脳の文化であり、何時かは消えねばならぬ文化であるが、これからの文化は心で造られる文化であり、大宇宙と交流できる文化である。

われわれ地球人は、天文学で星の世界のことは学んだが、それは頭脳のものであり、物質的な観念であった。これでは本当のことは分からないのであるが、宇宙創造神の教えを守り、心の調整を図る時、われわれ地球人が、いかに間違った心で生存を続けてきたかということも、はっきり分かるのである。

取次の器械は心の調整を図り、宇宙創造神と波長を合わせることのできる状態に入り、肉眼に見ることのできない霊波、念波の実在をしっかりと知ることができたのである。霊波、念波をしっかり分かる心の状態に入って、初めて大宇宙と交流することができるようになり、人心と天候との関係をも知ることができたのである。

文部省認定の学問の在り方は、心を分裂させるように出来ているために、霊波、念波は永遠に分からないように仕組んである。オリオン文化を吸収しているインテリほど、霊波、念波のことについては全く無知であり、大宇宙のことについては何一つ知ることのできない状態である。

今日、ソ連、アメリカにおいて、宇宙に向けてロケットを飛ばしはじめたが、これはすべて、地球学を最も正しいと、研究、探究している人々の頭脳や心の中に、オリオンの背後霊が入り込んで、地球を破壊せしめるべく努力している姿であるが、三次元の低い頭脳、心の地球人には、そのような背後霊の動きを知らないために、宇宙に向けるロケットを興味深く見守っている。

地球人は不良や厄介者であるがために、洗心の道場として地球に生かされているのであるという意義を知り、まず我欲を捨てる訓練をすることである。自分があるから不幸や病気が起こるのである。自己を無にして、感情に支配されない自分に返る努力をする時、宇宙創造神と波長を合わすことができるようになり、地球外の天体の星の世界と交流することができるのである。このような心にかえる時、肉体が朽ちて霊界に入った霊と交流することもできるようになり、地球人は、今までの三次元の平面科学より、四次元の立体科学をはっきりと学ぶことのできる、高級な地球人に返ることができるようになるのである。

地球人が高級にかえる時、文部省認定の学問の方法がいかに低級な在り万であるかということ、唯今の政府は必要のないこと、また、宗教が如何に社会に害毒を流していたかということもはっきりと分かってくるのである。

社会の機構の根元の誤りを知ることができるようになる時、今までの心の在り方では最早、この地球に生存のできないことも、自ら分かるのである。

今日、上層部や指導層にあって、指導している人は、オリオン文化を吸収して、それを最も正しいものであると思っているからこそ、指導のできる人であり、今後の地球には毒虫であり、反古《ほご》に等しい状態の人々なのである。

この位置にある人々が、地球の位置を知らず、宇宙創造神の御存在を分からず、その御意図を知らず、地球人がなぜにこの地球に降ろされたか、如何に生くべきか、それも知らず、死後の世界を知らず、優良星界人の存在を知らず、三次元の低い頭脳を振り廻している以上、地球に真の幸福は齎《もたら》されない。そこで、神は何らかの形で、それらの人々をこの地球から追放され、また外の星の世界に移され、心の訓練をされるのである。

すべての地球人は、できるだけ、優良星界より送られてくる通信を守り、まず心の調整を図り、自分の心の中より毒素を出さない自分になる努力をすることである。その時、優良星界人が地球に降り立って来て、地球人は、優良星界人の指導の下に、大宇宙の法則を実地に学び、星の世界にも悠々と行ける日がやってくるのである。

生と死

地球人は生と死について深く考えない。

漠然と肉体を養うことのみに努力をしているにすぎない。それは、地球人が我欲強く、宇宙創造神の御存在を知ることができず、文部省認定の学問を正しいと思い込んだ頭脳、心で生きているからである。

地球に生を享《う》けた地球人が、なぜに地球に生かされねばならなかったか。その理由さえ知ることができずに生きているのであるから、「地球人は生と死について深く考えない」と言われても仕方のないことである。

地球人が地球に生を享けねばならなかったのは、〝親が勝手に産んだから仕方がない〟などと思うことは、大変な誤りであって、文部省認定の学問を受けた大部分の人々が、このような思想を持っているのである。肉体は親によって造られるが、その中の霊、即ち心はすべて神の采配によって生を享けるのであって、肉体から霊がいなくなったら死である。

神はなぜに地球人に肉体を造り給うたか。それは、地球人の霊を肉体に入れて、その霊を浄化させるつもりであられたのであるが、我欲の強い地球人は、このようなことに対して知ることもできない儘に、持ち前の我欲を益々増強させる現代文化を最も正しい在り方であると考え違いして、その中の霊のありかさえ忘れ、唯、本能的に肉体を養うことのみに努力をしているのである。これが地球人の今日の姿である。

霊の浄化を忘れてしまっている地球人は、我欲強く、自分の繁栄、自分の幸福のことについては一生懸命に考えるが、他人の幸福になることについては一切考えることのできない利己主義的な心の人々が大部分である。

地球人は自分本位であるために、たえず神が出してはならぬと仰せになる御法度の心を起こして生存を続けている。このような心の中には、外界に漂っている肉眼に見ることのできない悪魔が入り込んで、地球人の身心を傷つけ、また他の人々に迷惑をかけているが、その悪魔の姿は、我欲の強い地球人に映ずることができないために、大部分の地球人はこの悪魔の存在を知ることもできない儘に、三千年の歴史を造っていたのである。

文部省認定の学問は、ほとんどが記憶力思考力の養成であって、過去の書物を憶《おぼ》え、それを良しとする方法であり、地球内の図書館の書籍にある知識以外、何物でもない。非常に狭い、固い、暗い心で、自分達の知っている以外のことについては耳を傾けようとしない、悪い癖を持つのである。それは、今日までの学問が、すべて不良星界であるオリオン星座の邪悪なる霊波の支配のものであり、五感以上に出ないように、くだらない勉強を強要して、必要なことは分からないように仕組んであるためである。

文部省認定の学問を最も正しいと思い込んで、上層部、指導層に立っている人たちとお話をすると、彼らは判断力、理解力、創造力に欠けた、記憶力、思考力の勝れた歪《いびつ》な人材であることがわかる。

このような人々は、権力、金力を持って自分の唯今していることは最も正しい在り方であると自負して生活を営んでいるので、筆者がそれは間違いであると指摘してもなかなか分からないのである。

筆者も、今日までの文部省認定の学問を身につけ、四十歳になるまでそれを最も正しい在り方であると考え違いをして生きていたが、その間は実に無知な生活をしていたのである。なぜにこの地球に降ろされ、如何に生くべきか。このわれわれの住んでいる地球は宇宙間の何処に属するか。そういうことも知らない儘に、唯々《ただただ》、文部省認定の学問を修めた低い次元の頭脳、心を最も正しいと思い込んで、封建思想的、道徳観念的で、愛国心強く、博愛心を持ち、最も立派な自分であると自負して生きていたのであるが、一度《ひとたび》このような考えが如何に間違いであったかを知ることができるや、自分の愚かさをしっかり知ったのである。

筆者は今、五十歳を迎えたのであるが、四十歳になるまでは、生と死に関することをよく知ることもできない儘に、肉欲を縦《ほしいまま》にして眼前の欲望にかられ、生存を続けてきた。その間は、大変な苦しみ、悲しみ、悩みに襲われて、不幸な生活が続いたのであるが、段々と自分の心得違いを知ることができて、心の調整を行うことに努めた結果、文部省認定の学問が如何に人間を不幸にするものかを知ったのである。

学校の教育は、すべてが優劣上下をこさえ、競争意識を旺盛に持たせるようにできている。このような心の中に悪魔が入り込んで、悪魔か自分か分からないように不幸な生活をしなくてはならぬことも、はっきりと分かったのである。


生とは神の力で頂けるもので、死は悪魔の力で起こるものである。

三千年の永きにわたり、地球人は不良星界の支配下に入っていたので、死は免れないものであると思い込んでいたのであるが、地球人が神の教えを守り、心の調整を図る努力をする時、生身の儘で星の世界に行けるようになるのである。

不良星界の支配下の間は、沢山の悪魔が地球に屯ろしていたので、死は免れなかったが、昭和三十八年度より地球の位置が変わり、宇宙創造神の御光と御力を頂ける状態に返れたので、地球人が宇宙創造神の教えに従い心を整える時、その儘の姿で優良星界に行けるようになるのである。

筆者は、神の取次の器械として宇宙創造神と波長を合わすことができるようになり、神霊星界とつなぐことができるようになった。その神霊星界の通信により、さる教団の教祖は土星の悪魔の支配の下に、神の真理を盗み、教団を広めてきたものであり、その悪魔は教祖を使い、地球撲滅のために努力をしているものであることを知ったのである。

取次の器械は、これを各県の知事、アメリカ各州知事に知らしめ、間違いのない政治をとっていただきたく努力をしているのであるが、各県知事、各州知事に入っているその教団の背後霊は、取次の器械を襲い、急性肺炎を起こさせたのである。取次の器械は、この背後霊を除去する術《すべ》を知っているので、早速除去して元の状態に復することができた。その教団の教えのとおりであったならば、筆者の心の影で起こった病気になるだろうが、筆者はそれを除去することによって、元の状態に復したのであって、病気が治ったからとて、それは神の御力によるものでもなく、心を直したからでもないのである。

その教団の背後霊は、無知な信者たちの心を知って、予《あらかじ》め病気を起こさせ、教団の教えに触れたから奇蹟が現れて治ったのであると盲信させるように働いているものであることも、筆者は宇宙創造神と波長を合わすことにより、はっきりと知ることができるようになったのである。

畏れ多くも、皇室にもこの教団の背後霊が入り込んで悪さをしているのであるが、知事初め、上層部の人々もすべて背後霊を知らず、背後霊を付けて政務を執っているのであるから、幸福になれようはずがないのである。当の教祖は、外国から帰れたのも奇蹟であるなどと公演をしては、大部分の地球人を欺《あざむ》いている。それは、「生と死」について、しっかりした真理を把握していないからであることも、筆者は、はっきりと知ったのである。

日本の知事四十六名と、アメリカの知事十名とが開いた日米合同知事会議の議題は、「教育制度に就《つい》て」であるが、すべての知事が今日のオリオン文化を最も正しい在り方であると思い込んでいるために、不良星界の学問に対する検討であっても、見解の相違のために、正しい討議は絶対にできないのである。

地球人はなぜに病気や不幸に苦しまねばならないのか。それは、地球人がなぜに地球に降ろされているか、その意義も知らずに、唯、病気や不幸から逃れたいという心を持って生きているからであって、だからこそ、さる教団のような地球撲滅の宗教が世の中を乱すものであることもはっきりと分かったのである。

地球人はなぜこの地球に生かされ、如何に生くべきか。地球外の天体の星の世界に住む人々は、如何ような生存をしているか。大宇宙の機構はどのようになっているのか。宇宙の法則をしっかり知り得る心、霊波、念波の存在を知る心になれば、地球を滅ぼす教団の背後霊のために不幸になりつつある地球の在り方もしっかり知り、地球人は「生と死」をはっきり知ることができて、高級な地球人に変わることができるようになるのである。

上層部、指導層において、大いなる誤りが地球人全体に不幸を起こさせていることを自覚しなくてはならぬ。

刑務所に入っている囚人よりもっと重い刑に処せられねばならぬのは、上層部、指導層である。それは、間違った指導を正しいと思い込んでいるため、国民を不幸に陥らしめているからである。

「生と死」についてはっきりした理念がなく、文部省認定の学問をすべてであると思い込んで指導をしている指導者は、まず心の調整を図り、宇宙創造神と波長を合わすことである。その時初めて、地球、日本、東京の上空に、優良星界の基地が出来て、其処から地球に向けて通信の行われていることもはっきり分かり、地球人が如何に低級な生活を続けてきたかということもはっきり分かってくるのである。

優良星界の支持を受けて、生存を続けてきた地球の運命も知らず、不良星界の支配下にある文部省認定の学問をすべてと思い込んで指導をしていたために、その教団が如何に地球を不幸にせしめているか、それすら知らず、寧《むし》ろこれを支持する上層部、指導層が多かったことは、大変な日本の不幸であった。

上層部、指導層は、「生と死」これをしっかり知り、真理に明るく生きることである。「生と死」がはっきり分かってくる時、学校教育の基礎の間違い、また宗教の大変な誤り、社会機構の間違いなどしっかり分かり、今日までの指導の大きな誤りを知ることができるのである。

まず、教育の根源の誤りを知り、地球の位置、地球人の今後の在り方、地球外の天体の在り方、宇宙の法則、神霊星界の在り方、霊波、念波の実在とその作用等について正しい指導のできる日がやってくるのである。

上層部、指導層の不勉強が、今日の地球の不幸であることを悟らねばならぬのである。

知事という漢字は、〝知る事〟と書かれている。知事はまず宇宙学をしっかり学び、「生と死」をしっかり知り、県民を間違いなく指導することである。

今日までの学校教育は、オリオンの遺物である。これを奨励するような知事は、最も時代遅れな低級な知事であり、地球人を不幸にせしめるものである。「生と死」をはっきり知る地球人が出来てこそ、真の幸福が訪れるのである。

第二章　大宇宙との交流

大宇宙と交流できる方法

地球人は、三千年の長い間、我欲強く、見たい、聞きたい、知りたいの欲望を持って生きていたために、たえず不良星界の支配下に入り、大宇宙のことについては何等《なんら》の知識なく、生存を続けてきた。

地球人が不良星界の支配下である間は、我欲を盾にし、また、我儘気儘な生活でも生存が許されたが、昭和三十八年度に入って、地球は優良星界と交流できる位置に変わったために、今後は許されない時に至った。

それは、地球内に宇宙創造神の取次の器械が完成したからであるが、その取次の器械（田原澄）は四十歳になるまで、自分が取次の器械としての役目をもって生まれてきているものであるとの自覚を欠き、オリオン文化に侵されたその心を最も立派な心であると思い込んで生活をしてきた。

四十歳になって、度重なる不幸や病気のために辛《や》っと自らの心得違いを知り、宇宙創造神の御存在を知り、自分が如何に低級な人間であるかということを、はっきりと知ることができるようになった。宇宙創造神の御教えに従って生きる自分に返ろうと努力をするのであるが、オリオン文化を吸収して、それを最も正しい在り方であると思い込んでいた取次の器械は、なかなか宇宙創造神の御教に従うことができない儘に、毎日大変な心の訓練をはじめたのである。

オリオン文化は、言葉の上においては立派な教えを説き、然も各宗教団体においては、宇宙創造神の真理を盗んで、立派な言葉を教えているのであるが、すべてその背後霊は宇宙創造神の御教えに叶うことのできない軽薄なものであるということだけがしっかりと分かるのである。

地球人全体が不良星界の支配下に入っているその中にあって、宇宙創造神と波長を合わせる心になるということは、大変な忍耐が要り、不可能に近いものであったが、どのような困難が伴うようなことでも心配することなく、すべて宇宙創造神の御教えに従い生きる努力をすることによって大宇宙と交流する方法をしっかり知ることができたのである。

まず地球人は、見たい聞きたい知りたいという欲を持つ。この欲はすべて我欲より起こるものであって、地球人がこの我欲を抜きにする心になる努力をする時、大宇宙といとも簡単に交流することができるようになるのである。

今日、日本で行われている学校教育は、明治時代より続いているものであるが、この教育方法が間違っているということすら知り得ないのは、地球人が我欲があったからである。まず学校の教育は、知能を発達せしめるために、国語、算数、理科、社会等に分類して、人の書いた書物を中心に教える方法であって、優劣上下を持ちえて記憶力と思考力とを増強させ、競争心を起こさせるように出来ている。そのため、神が出してはならぬと仰せになる「憎しみ、嫉み、そねみ、羨み、呪い、怒り、不平不満、疑い、迷い、心配心、咎めの心、いらいらする心、せかせかする心」を起こさなくては学べないような仕組みになっている。学校教育を、最も正しい在り方であると思い込んでいる人ほど、大宇宙との交流はむつかしいものであることをはっきり知ることができたのである。

取次の器械は、自分の心の非をはっきりと知ることができた。それは、自惚れと自尊心と自信と希望は最も低級なる人の心であるということを知ったことであった。取次の器械は、正に低級であるとしっかり知ることができたのである。そしてその低級なる心を出さない自分になる努力をしたのである。この間違った心を出さないように努力をする時、人間の心のスクリーンは清まり、大宇宙と交流できるようになることをはっきりと知ることができたのである。

処《ところ》が、地球人全体が、自惚れ、自尊心、自信に充ち満ち、希望という心を持って生きており、学校の教育はこれを奨励している。分裂する心を養っているのである。それは、地球人が我欲が強いためである。オリオンの悪魔の支配下にすっぽり入ってしまって、戦争や争い事を起こして苦しんでいるのも、すべてこの心より培われているものであることを知らねばならぬ。

人間が宇宙創造神の御教えをしっかり守り得る心に返りさえすれば大宇宙と交流できるのであるが、何しろ三千年間オリオン星界の支配下にあり、オリオン文化に浸り切っているのであるから、このようなことを申しても、なかなか聞き届《とど》けることができない。

特に、宗教団体に入り、間違った教義を最も正しいあり方であると思い込んでいる人ほど、大宇宙との交流は大変むずかしいことである。

地球は昭和三十七年度までは、三千年間、不良星界の支配下であった。昭和三十八年度に入って優良星界の支配下に入ったのであるが、地球内に住んでいる人類は、長い間不良星界の支配下の学問を身に付けているので、自分達の地球の位置さえ知ることのできない状態である。

学校教育では、先程も書いたように、国語、算数、理科、社会等に分類して、知識を豊富にするように努力をしているのであるが、まず地球は大宇宙の何処に位置しているかを教えてない。地球人が地球に降ろされた意義を教えてない。地球人がいかに生きたら有意義な生き方であるかを教えてない。地球外の天体の、星の世界の人類の在り方を教えてない。大宇宙を構成し給う宇宙創造神の御存在を教えてない。宇宙創造神が太陽系の惑星である地球の人類に何を望んでいられるかを教えてない。地球人はそのようなことに対しては一切無関心である。平面科学的な、低い三次元の頭脳で満足して生きている。

このような間違った心が、地球人を不幸にしているのであるが、学校教育が最も正しい在り方であると思い込んでしまって、五感以上を超えることのできない、低級な心で生きているのである。地球人が低級であるほど、大宇宙のことは夢のようなことに考えて、心の窓を開くことができないから、大変な不幸を起こしているのである。

何処に行っても病気が多く、病院があり、その中に入っている人々は、何のために病気になっているか、その原因さえ知ることができず、病理学的に調べて、注射や薬や手術によって行われている方法が、最も正しい近代的な在り方であると思い込んでいる。インテリほど近代医学を盲信して、それを最も正しいあり方であると信じ込んでいるのである。

まず地球人が、宇宙創造神の御存在を知って、宇宙創造神の御教に叶う心になりさえすれば、決して病気に罹ることはないのであるが、不良星界の支配下にある文部省認定の学問を、最も正しいあり方であると思い込んでいる心では、外界に漂っている、肉眼で見ることができない悪波を、どんどん身体内に入れてしまうので、どうしても病気は免れないのである。

地球人は、病気になってからその病気を癒そうと努力をするが、優良星界人には病気がない。それは、宇宙創造神の御教えを守り、心の調整を行っているからである。地球人は不良星界の支配下の学問を身につけているので、宇宙創造神の御存在さえ知ることができず、間違った心をもって生活しているからこそ、病気をするのであるが、その根元を知ることができず、唯、病気になると病院に入って、調べてもらって、安心をする生き方であるから、大宇宙と交流できないのである。

大宇宙と交流するには、まず宇宙創造神の御教を守り、心の調整を行うことである。それには宇宙創造神の御教えの「強く正しく明るく我を折り、宜しからぬ欲を捨て、皆仲よく相和して、感謝の生活をせよ」と仰せになる神の御言葉を守り、心を整えることである。人間はややもすると、「憎しみ、嫉み、そねみ、羨み、呪い、怒り、不平不満、疑い、迷い、心配心、咎めの心、いらいらする心、せかせかする心」を起こしがちである。この心は、自分は偉い、立派であると思い込んでいる、我欲の強い人に起こる心であるが、このような心の人は、決して大宇宙と交流することはできないのである。

宇宙と交流するには、まず地球に生かされた意義を知ることである。我欲が強く、優良星界に住むことができず、牢獄の地球に降ろされて、心の訓練をするために努力をすることとの認識をして、神の教えを素直に守り生きるように努めることである。今日までの文部省認定の学問を習う心では、絶対に宇宙と交流することはできないのであるから、心を調整する努力を図らなくてはならぬ。

地球人すべてが、不良星界の支配下に入り、分裂した心を持つ人々の集まりである地球内にあって、宇宙と交流することは、大変むずかしいことであるが、我欲の心を捨てる努力をする時、易々と大宇宙と交流することができるということを、はっきりとお伝えすることができるのである。

優良なる星界人より通信を受けて

話が星界人のこととなると、とかく地球人は外方《そっぽ》を向きたがる。それは、地球人が低級である故である。

地球人、中でも日本人は従来の学問や現行の教育の在り方を正しいものと妄信するような低次元の頭脳しか持ち合わせていないから、星界人の話など夢物語かお伽話かのように考えて、真剣に耳を傾けようとしない。特にインテリと称せられる人程そのような態度が顕著である。

地球人は、「なぜだろう?」という疑問から出発して研究探究することが学問の在り方として最も正しい道であると思い込み、いたずらに記憶力と思考力のみの育成に偏《かた》より、その成績の序列が社会における地位や名誉や金銭に関連しているために、幼年時代から根強い競争意識が旺盛になり、従っていつも心が分裂して、霊波念波を全く感知できない。また、そういう低級な人間であることを自覚することができず、社会的な栄誉や金銭の獲得こそ人生最大の幸福であるとして生活しているのである。

地球人が今日のような学問の在り方を堅持する限り、神霊界星界のことは絶対に分からないのであるが、心の調整を図り、宇宙創造神と波長を合わせる努力を重ねさえすれば、優良なる星界人ともたやすく交流し得るように神はお仕組みになっておいでになる。優良なる星界人は、地球人に対して、〝我欲を捨てて宇宙創造神の御教を素直に守る努力をするように〟といつも通信してくるのである。

私は、心のスクリーンを清め宇宙創造神と波長を合わせることに日夜努力した結果、地球外に出て宇宙的観点から地球を見る能力を与えられ、優良宇宙人と交流することもできるようになった。そして、次のようなことを初めて知ったのである。即ち、今から三千年程前に、優良星界人の中の悪人や厄介者を一括して宇宙創造神がこの地球にお降ろしになり、地球を道場として洗心をお命じになったその人々がわれわれ地球人の祖先である、と。優良なる星界においては、嘗《かつ》てはその同胞であった人々およびその子孫である地球人に対して、一日も早く目覚めて高級なる地球人に返って貰《もら》いたいと願っているのであるが、悲しい哉《かな》、地球人はなかなか我欲が強く、心洗いができないために、優良星界人の呼び掛けの声を通ずることができなかったのであって、今日漸《よう》く取次の器械が完成の域に達して、その通信を受けられるようになったのである。

取次の器械（田原澄）は、人間的な感清を一切なくして、唯、一筋に神の教を遵奉し、神と波長をしっかり合わせる境地を絶えず持続して初めて神霊星界の通信を受け、これを人々に伝えているのであるが、三千年の長きに亘《わた》って不良星座の支配下に陥って、心の波長がすっかり相違している地球人に伝えることが如何に困難であるか、取次の器械として軈《やが》て満十年を迎えようとしている今日ですら、大変なむずかしさを感ずるのである。何分にも、地球人のほとんどすべてがオリオン文化に蝕《むしば》まれて心に分裂を起こし、自惚れ、自尊心、自信に充ち満ちて生きているために理念がすっかり眠らされ、記憶力と思考力ばかりが発達して、判断力、理解力、創造力を欠いているからである。

社会の上層部や指導層に在る人程その傾向が顕著であって、オリオン文化に蝕まれ切った低次元の頭脳をもっては、宇宙の法則は全く分からないのである。このような人たちの手によって制定されたわが国の教育が人々の競争意識を旺盛にさせ、そのために心の分裂を起こすのであって、これらすべての根源は地球人の強い我欲に発しているのである。世界各国の指導者がこのように全く宇宙の法則を弁《わきま》えることなくして人々を指導しているからこそ、今日米ソのように科学文明の覇を争って核実験やロケット打ち上げに鎬《しのぎ》を削《けず》ることになり、人間の作り出したもののために人間自体がどうすることもできないような究極の状態まで陥ってしまったのである。

私は、昭和三十三年五月末の或る日に、「お前を取次の器械として作り、地球人に生きる道を教えても、地球人はなかなか云うことを聞かない。最早、江戸は火の海になることを免れない。お前は千葉に疎開せよ」との神のお言葉を受けた。そのとき、ふと思ったのである。世の人々が不幸に陥るというのに、自分だけがそれを逃《のが》れるということは大いに間違っている、と。

そこで、「私の生命は失われてもよろしゅうございますから、世の人々が不幸になりませんよう御高慮くださいませ」と神にお願い申し上げた処、神は私の願いをお聴き入れになり、その翌日から私は優良な星界の通信を受けられるようになった。星の世界は実に美しく、私の想像を絶していた。そして、自分の心の穢《きたな》らしさを痛切に知り得たのである。地球人の間に在っては、四囲のすべてが穢い心ばかりであるから、さほども感じないけれども、星界人と交流すると、星界人の心があまりにも美しいのでひとしお自分の心の穢さが目立ってくるのである。何という穢い自分の心であろうか。このように穢い心の持ち主であるからこそ、この地球に生を享けたのだと痛感せざるを得なかったのである。と同時に、四十歳になるまでは、自分の心の穢らしさも分からず自惚れに充ち満ちて生きていた自分であったことを思い出さずにはおられなかったのである。

その当時、日を逐《お》って宇宙創造神の御教えがはっきりと分かるようになり、洗心しなくてはならぬという決意を益々固めると共に、洗心の妨げとなる我欲をほんの僅かばかりでも忽《ゆるが》せにしないで捨て去る努力を重ねたのである。神の御教えに照らして毎日の自分の姿を振り返ってみるとき、間違いだらけの生活をしている自分の姿がくっきりと浮かび上がってきた。世の中で、自分が最悪の女性であるという自覚が切実に湧くと共に、その後、今日まで、私と志を同じくされる多くの人々が日一日と心洗いをお重ねになって、いやがうえにも心が美しくなっていかれる様態に具《つぶ》さに接して、唯もう毎日が感謝でいっぱいである。

先月、『週刊少年サンデー』という雑誌に、故意に私のことを悪し様に書いた記事が掲載された。神霊星界の通信によって、それはある教団の背後霊が雑誌社の当事者を唆《そそのか》して書かせたものであることを知ったのであるが、私自身は前記のように世の中で最悪最低の女であると自認しているから、何と罵られようと別に些《いささ》かの心の動揺も感じなかったけれども、宇宙創造神の取次の器械としてこれを黙過するわけにはいかないので、直ちに内容証明郵便を以て記事の取消と共に正しい紹介記事の掲載方を申し入れた。

その後、同誌の編集長や係の人々が申し入れの正当であることを認識し、数週後の同誌に改めて「宇宙学教室」を正しく書いた記事を掲載したのであるが、これを読んだ匿名の人物が、私に宛てて「インチキばばあの馬鹿野郎、何であんな出鱈目《でたらめ》をいうんだ、早く死ね」というハガキをくださった。このような内容のハガキであっても私は唯心から有難《ありがた》く受けるだけであるが、その教団を信奉し、「天地一切のものと和解せよ」との教えを戴いている人であろうのに、何とお気の毒な人だろうと思うのである。

人間は誤魔化すことができても、神は絶対に誤魔化すことはできない。口先では如何にも立派そうな教を説きながら、行いにおいては犬猫にも劣るようなことを行って恬《てん》然として恥じない。こうした低級な人々は、自分の言動が細大洩らさず宇宙に記録されることも知らない儘に、嫌がらせをして自己満足するような低劣な行いを平気でしているのであって、私は何ともお気の毒なとしか思いようがないのである。

この十年来、私はいろいろな人から悪罵されてきたが、有難いことに、そのような人々のお陰でどんなに悪口を云われてもなおかつその人に対して愛念を持ち得る心境に到達することができるようになった。そのような私に向かって、嫌がらせのハガキを送って快哉を叫ぶ人は、天に唾するにも等しい愚を犯しており、おまけにそのことに全く気付かない気の毒な人物であると言うより外にない。

われわれ地球人が肉体的に生存し得るのは、僅か五十年からせいぜい百年までである。

その僅かな年月しか生きられない地球人が、宇宙における地球の位置を知らず、地球は勿論《もちろん》、大宇宙の原動力であられる宇宙創造神の御存在を知らず、況《いわ》んやその御意図を知る由もなく、枝葉末節に捉われ、社会的な地位や名誉や金銭を獲得しようとあがき、眼前の欲望を満足させることのみを目標にしている。

このように地球人を盲目的にさせたのは、地球人が元来根強く持っている我欲に巧みにつけ入って、地球人の心を支配するに至ったオリオンや土星の悪魔である。ほとんどすべての地球人がこのような悪魔の虜になっているから、褒められると訳もなく喜び、貶《けな》されると無暗《むやみ》に怒って、己の実力を知らずして唯矢鱈《やたら》に己を堅持しようとするのである。

こうした間違った心のために自らを不幸にしてしまうものであることに全く気付かない程、地球人の心は芯から錆びついているのである。地球人のこのような自信過剰は上層部や指導層の人々になればなる程劇《はげし》いのであって、ややもすれば、オリオン文化の象徴ともいうべき権力をかさに被《き》て人々を指導しているのであるから、地球が益々不幸に陥っていきつつあるのも当然であると云わねばならない。

悪魔の支配下にあって発達した今日の文明文化、即ちオリオン文化であるから、悪魔の正体を看破られる虞《おそ》れがあるために、故意に霊波念波に関しては等閑視されるように仕組まれている。それだからこそ、教育の場において、既に幼少の中から競争意識を旺盛にしなければ社会の落伍者になるように、すべての機構が作られているのである。学校の成績が社会における序列に直結しており、学校の成績は単に記憶力と思考力を数字で表したものにすぎず、人格品性はほとんど没却されているのである。

こうした社会の在り方では、地球人が人生の幸福は地位や名誉や金銭の獲得にあると思い込む風潮に世が覆われるのも当然であって、宇宙創造神が決して起こしてはならぬとお仰せになるご法度の心を起こさなければ、学校の成績も上らず、社会生活も思うように営むことができない。おまけに、地球人は神の御法度の心を決して悪い心であると思っていないから、四六時中このような心を容赦なく起こして生きており、一方においては幸福になることを誰しもが希求しながら、その大きな矛盾に全く気が付かないのである。

人生の幸福を地位や名誉や金銭の獲得にあると思い込んでいるのが地球人の大多数であるから、地位や名誉や金銭を保有することのみでその人を立派であると評価しがちである。また、自らもそうした評価を受けたいという欲望から、己の全力をその達成のために傾注するのである。博士号を取ったとか、勲章を頂いたとかいうことが最高の喜びであるかのように、本人も周囲の人々も思い込むような低級な心の在り方が地球人をいよいよ堕落させているのであって、私は優良星界人と交流させていただいて、何という穢い、さもしい心であるかと痛感させられるのである。

社会的に大きな貢献があったという廉《かど》で、位階を贈ったり、勲章を授けたりするけれども、人間が社会のために貢献することは至極当然のことであって、取り立てて表彰すること自体が可笑《おか》しいのである。世間には銅像など建ててもらって喜んだり、威張ったりする輩も少なくないが、優良なる星界人とひき較《くら》べて何と滑稽な姿ではないかと思うのである。

地球人社会は我欲の突っ張り合いである。各自がそれぞれ自己を堅持して譲らず、自己が認められることに無上の満足を覚え、甚だしきは名刺の裏面まで狭しと肩書きを列べ立てて低級ぶりを遺憾なく発揮している人物も決して珍しくはない。自分程立派な者はいないと思っているのである。自分を自ら立派であると思うことが既にお目出度いのであって、もし事実立派であるなら、初めからこの地球に生を享けはしない。優良星界人として適格でないからこそ地球に生を享け、汚い心を洗い清めよ、と神に命ぜられている自分なのだとの認識がないから、そのような過ちを平気で犯すのである。

世の種々の宗教団体の中には、その教祖様をまるで生き神様のように崇め奉っている例も多々見受けるが、すべての宗教の背後霊が悪魔であることの一つの現れであって、言葉の上では実に立派な教えを説きながら、背後にあってこれを支配している悪魔の姿を看抜き得ず、無暗に唯有難がっているのは、人々の心が濁り切っているからに外ならず、悪魔と手を握って世の中を乱し穢している自分であることに絶対に気付かないのである。
地球人の中でも、日本人は特に愛国心の旺盛な人が多く、何とか明るい平和な世の中になってほしいという善良な心を人一倍強く抱いているが、悲しい哉、オリオン的な低次元の教育によって培われた頭脳であるために正しい理念が眠らされており、理解力や判断力や創造力に乏しく、世界人類光明化運動とか日の丸擁護運動とかの文字に魅力を感じ、美名の背後に隠れている宗教団体の本当の目的が奈辺にあるかを看破するだけの力を欠いている。そしてそのために、結局その団体を太らせることのみに終わり、国を愛するつもりの支持が、逆に国を滅ぼす方向に外れていくものであることに気付き得ないのである。

昭和三十五年二月二十三日、浩宮御誕生を境にして地球の宇宙間の位置が大きく転回向上し、優良星界人の指導下に置かれるようになって、従来のオリオン文化は最早《もはや》、用をなさない時が既にやってきた。これまでは、どのような心の人でも地球人として認められ、生存できたのであるが、新時代に入った地球においては、地球人がなぜに地球に降ろされたか、地球人は如何に生くべきか、死後の世界、即ち霊界のこと、また地球外の天体の世界即ち星界のこと、これらについて立体科学的に明るく、常に心を洗い清める人々のみが地球人として残されるのであると、優良なる星界人から通信してきているのである。これが宇宙の法則というものであって、如何に泣いてみようとわめいてみようと、立体科学を理解できない、理解力判断力創造力に乏しい、我欲の強い人々は地球に止《とど》まることを許されない時に到ったのである。

地球人は努めて洗心を怠らず、宇宙創造神の教えを素直に守り、優良星界人と交流し得る高級な地球人に一人残らず成っていただきたいと、通信の度に優良星界人は声を大にして叫んでいるのである。

新しい時代の地球人として生きたいと思うならば、まず何よりも先に我欲を捨て、宇宙創造神の教えを守り、高級な地球人にかえる努力をすることである。

波長の相違

地球は過去三千年間、宇宙の一天体であるオリオン星座の邪悪なる霊波の支配下に陥っていた。そのようにして地上に築かれた文化を、オリオン文化という。

オリオン文化時代は、戦争紛争分裂の絶え間がなく、破壊的な思想が次々に風靡《ふうび》し、不幸や病気で地球人は苦しみ、悩み、悲しんで生きてきた。上層部をはじめとして、ほとんどすべての人々がこのオリオン文化に心酔しており、このような人々の心の波長は悪霊波とつながる波長であるが故に、私の心の波長とは合わないのである。

私は今より九年前、度重なる身辺の不幸が機縁になって宇宙創造神の御存在を知り、四十年の間ずっと間違って生きていた自分の姿に気付かせていただいた。それまで、自惚れと自尊心と自信に充ち満ち、希望に燃え、競争意識がはげしく、つねに自己が中心で自己満足し自己完成しようという心で生きていたのである。地位名誉金銭に憧れて、その獲得こそ人生の幸福であると思い込み、神霊界や星界のことなど全く考え及ぶことのできないような心の在り方であったのである。

その頃、私はまことに不幸であった。学校で習い覚えたことを鵜呑《うの》みにしてその正しさを妄信し、地球学的な平面科学的な範囲から一歩も出ることのできない、狭い、固い、暗い心で生きていたのであって、今にして思えば全く無知な自分であったから不幸に見舞われたのも当然であり、宇宙創造神と波長を合わせ得た現在の私には、それが波長の相違の為に生じた苦しみであったことがはっきり分かるのである。然し、当時の私には波長の相違など気付く由もなく、自分は正義感に燃えて正しく生きているのだという自負心に充ち満ちていたのである。思い浮べるだに低次元な心の在り方であったが、その頃は、自分は誰よりも立派な心で生きているのになぜこうも不幸が続くのだろうといたずらに苦しみ悩んでいたのである。

宇宙創造神は「強く、正しく、明るく、我を折り、よろしからぬ欲を捨て、みんな仲良く相和して感謝の生活をせよ」と仰せられる。また、「憎しみ、嫉み、そねみ、羨やみ、呪い、怒り、不平不満、疑い、迷い、心配ごころ、咎めの心、いらいらする心、せかせかする心は悪魔とつながる心であるから、決して起こしてはならぬ」と仰せになる。私は、地球になぜに降ろされているかということをはっきりと知ることができた。

今日までの教育の在り方は、知育のみに偏り、私共地球人がなぜに地球に生かされているのか、この地球は宇宙間のどのようなところに位置しているのか、と云ったような地球人としての根本義については全く触れていないのである。そして、そのような教育の在り方に対して何の疑念も抱こうとする者がなかったのは、すべての地球人の心の波長がオリオンの悪霊波と同調していた為であって、悪魔は地球人の我欲をいやがうえにもほしいままに発揮させて、宇宙創造神の光と力から遮断されるように仕向けていたからである。

心の調整を図り、宇宙創造神と波長を合わせ得る境地に達するとき、地球外に出て、宇宙的な観点から地球を観得る広い視野に立つことができ、地球人が地球に降ろされなければならなかった理由も初めてはっきりと分かるのであるが、それまではまるで考えてもみなかったことであった。そのような広い視野に立って、まず分かったことは、宇宙には数え切れないほどの星々が点在しており、その三分の一ぐらいが優良なる星界人の住んでいる星々であり、その中の厄介者や悪人を一括して三千年前に神がこの地球上にお降ろしになり、地球をその人々の洗心の道場とされたものであることであった。

不良の烙印を押されて地球に降ろされた者の子孫の一員であることを認識し得たのは、私が優良なる星界人と交流できるようになってからである。優良星界人は自他一体の愛の心で生きているのに、この私の心はなかなか自他一体の愛念になり切れず、ややもすれば自己中心の心が先に立つのであって、このことからしても、自分が地球に生かされたのも当然であると思い知ったのである。自分の心が間違っているからこそこの地球に降ろされているものであるという認識ができて、初めて宇宙創造神と波長を合わせ得る心の在り方に変わるのであって、このような心の波長は大宇宙と完全に調和するのである。オリオン文化に蝕まれ切った心の波長はオリオンの悪霊波と同調しているために、如何に言葉の上で真理を唱えていても、宇宙創造神の波長とは絶対に合わないのである。

私は今までに多くの宗教家とお会いしたが、如何にも自分は立派な人物であると買い被って、口の先では立派なことを喋っても全く心の伴っていない人々ばかりで、宇宙創造神と全く隙もなく波長を合わせている人には未だ一度も会ったことがないのは甚だ遺憾なことである。

国を動かす政治が、国の運営の中枢である経済が、国の基礎を為す教育が、国の幸福につながる宗教が、すべてオリオンの悪魔の手で左右されているにもかかわらず、それらに携わっている地球人が背後の悪魔を看抜き得ないほど心が濁っているのである。心の波長を変えることによって、人間はすべての点で変わり得るものである。

地球人の祖先は悪人や厄介者であったとは云いながら、もともと優良星界人でその奥深く良心はあるのであって、正しい指導者の下に正しく指導され納得しさえすれば、宇宙創造神と波長を合わせるように心洗いに努めることができるのであるが、三千年この方、そのような正しい指導者が現れなかった為に、疑い迷いが昂《こう》じて今や収拾つかないような世相を呈するまでに至ったのである。

そこで、優良なる星界の指導下に変わった新時代の地球に、宇宙創造神は親しく御降臨になり、おん自ら地球人に対して御指導を賜わることになった。心ある地球人は今こそ目ざめて今日までの観念想念の誤りを知り、心を洗い清めて心の調整に努めるべきである。地球人全体が心洗いに専念するようになれば、政治の誤り、経済の誤り、学校教育の誤り、宗教の誤りなどがはっきり分かってきて、社会の機構すべてが正しい在り方に自然に変わってくるのである。

波長の相違の為に宇宙創造神の御存在もその御意図も分からない世の中にしてしまっている上層部や指導層の人々こそ、まず過去のあらゆる思想や観念の誤りを知り、世人に率先して洗心に努力し、あらためて正しく世人の指導に当たるべきである。それができない人は最早、地球の毒虫であり、最も低級な人物であって、速《すみ》やかにその地位を去ってもらわねばならない。そのような理念のない人物を指導者として仰いでいては、地球人は自滅しなければならないからである。

宗教を国法を以て公認し保護している日本は、このままでは腐敗するのみである。波長の相違の為に背後の悪魔を看抜き得ず、宗教をこのように野放し状態にのさばらせたのは、日本人のすべてが無知であったからに外ならない。九年前までの私と同じように無知であったからである。

ほとんどすべての地球人は無知であると、私は敢《あえ》て云いたい。それはなぜであるか？まず、地球人として生かされている意義を知らないからである。地球が宇宙間にどのような位置を占めているかを知らない。一体何を目的に生きているか。恐らく地位名誉金銭欲の虜になって、肉体を養うことのみに汲々とし、心の面は全く置き去りにしているはずである。ややもすれば付和雷同に走り、正しい理念をもって生活していないはずである。記憶力や思考力は発達していても、理解力や判断力や創造力はなきに等しく、自己中心であるから、常に心は分裂し、派閥を作りがちで、すべての面に中庸を失っているはずである。我欲が強いから上に対してはへつらいをこととし、下に対してはとかく血も涙もない態度で接しているはずである。道徳観念に捉われて他人の言動を咎め易く、恰《あたか》も自ら神様になりすましていたはずである。真理を口にして知ったかぶりを発揮しながら、神をしっかり把握していないはずである。オリオン系の学問は、疑いや迷いを出発点として発達してきた為に、不可解な問題に当面すると、いい加減な推定でさも真実そのとおりであるかのような言辞を弄《もてあそ》びがちで、殊に指導層や報道陣など然りである。徒らに官公署などを新設し、人民に対して種々の制圧を加えることの間違いに気付かず、公僕精神を忘れて職権金権をかさに被ってきたはずである。

三千年の長い間、このような間違いや無知にもかかわらず地球人として生存が許されたのは、地球が宇宙の牢獄であったからであって、優良星界人の指導下に入った今日より後は、波長の相違によって最早、許されなくなったのである。最高学府を出たからとて自らを買い被っているような低級な心の人々は、その低級さに気付かない限り、地球人として残されない時がやってきたのである。

人々を真理を以て教化しているはずの宗教の背後にあってこれを司っているものが悪魔であることに気付かず、立派な教えであると言葉の力で思い込まされていた自分であることを理解し得ない人間は、地球の毒虫である。悪魔は上層部の人々を初めとしてあらゆる人々の心の奥に食い込んでおり、地球の不幸化の為に力を注いでいるのであるが、人間は藁《わら》人形同然であって、悪魔の思いのままに操られていることなど全く気付かないのである。宗教家と謂われる人々は一心型熱心型真剣型であり、また信仰心の篤い人々の入信の動機は病気を癒したい、開運したいという欲に発している場合が多く、その何れもが欲深い人々と云うべきであって、こうした人ほどが地球を不幸に陥らしめつつあり、しかもその自覚が全くないのである。

昭和三十七年七月十五日、故秩父宮雍仁殿下、明治天皇、神武天皇、天地大神の順に霊界通信でお言葉を賜わったが、何れもある教団がわが国の人々の心を腐敗させ国を滅ぼす根源を為すものであると指摘された。然しながら、オリオン文化に蝕まれている世の大多数の人々は、背後霊にすっかり丸められているからなかなかこうしたことに耳を傾けたがらない。そうした人々は宇宙創造神の御存在を知らず、宇宙の法則を知らず、勝手気儘な生き方をしているので、視野が狭く、ややもすれば枝葉末節《しようまっせつ》に捉われて根元の真実を観ることができないのである。我欲が強く、つねに自己中心であるために心のスクリーンが濁っているからである。

オリオン文化というのは、その外見に反して内容は非常に穢ならしい、メッキを一皮剥いだら実に厭らしいものである。穢ない生活をしていながら、波長の相違の為に自分の穢なさ醜さを知り得なかった自分の姿に目ざめ、視野を広めて、宇宙創造神と波長を合わせて高級なる地球人に変わる努力をすることである。

情熱について

地球人は情熱のある人を立派な人であると思い込んできたが、情熱のある人ほど地球を不幸にするものであることを、私ははっきり知ることができた。

私も、地球人として日本人として生まれ、地球人なみ日本人なみの教育を受け、情熱をもって生活することが人間として最も立派であり、正しい在り方であると思い込んできたから、道徳観念が強く、愛国心に燃え、非常に情熱的であった。そうした間、私は実《まこと》に不幸であった。なぜこんなに努力するのに幸福になれないのだろうと考えていた。その当時は学校教育のすべてを絶対視し、最も正しく立派なものであるという観念で支えられていたが、そのことに何らの疑問を持つこともなく、自分が何か間違っているか、努力が足りないから不幸なのであろう、と考えて生きていたのである。

私は今から九年前に、「お前は最も低級な人間である」と神に指摘された。「おまえは、自惚れと自尊心と自信に充ち満ち、希望という心を持っている。そのような心は最も低級な心である」と云われた時に、神の仰せのとおり、自分は本当に低級であると思い知ったのである。もし自分が高級な人間であったならば、学校教育を受けた時、既にその教育の在り方が大いに間違っていることに気付いたはずであるが、四十歳に達するまで何らの疑いも持たず、学校教育で培われた頭脳と心とで生活してきたのであって、神の御指摘のとおり、私は実に低級だったのである。

処が、世の人々の大多数は、自惚れや自尊心や自信や希望を持つことは決して低級な生き方ではない、それを低級であると自認する人こそ頭脳が低級であることを自ら暴露しているのだと考えている。知識層の人程、そのような考えに支配されている。このように不遜な人物が社会の上層にあって人々を指導しているのであるから、地球人に真の幸福が訪れようはずがないのである。

私は、神にお諭《さと》しを戴いたように、自分は低級な人間であると深く認識した。それ以来、神の教えを素直に守り、心を洗い清める日夜を重ねて今日に至った。そして、従来抱《いだ》いていた観念想念を一切擲《かなぐ》り捨てて、心の間違いを徹底的に追究した結果、道徳観念ほど世の中を乱しているものはない、ということをはっきり知ることができたのである。

心洗いの努力を重ねていくにつれて、心のスクリーンが次第に清まり、五感では全く感知し得ない霊波念波が初めて映し出されるように神によって仕組まれているものであることを、はっきり感得することができるのであって、道徳観念の強い人ほど非常に情熱的であり、実に視野が狭《せま》く、従来身につけた観念想念からなかなか脱却し難いものであることを、私は知ったのである。

道徳観念の強い人は、道徳に反する人やその行為に対して、人一倍咎《とが》める心を起こすのであって、そうした心から毒素を発散して自他を苦しめ、病気や不幸の因をつくるものである。だが、誰一人としてそのことを全く知らないのである。それは、今までの学問がオリオン星座の邪悪なる霊波の支配下にあって発達したものであり、そのようなことを地球人が知ることを虞《おそ》れて、悪魔は地球人を不幸化する企図に不利を及ぼす事柄に対して、地球人の眼を逸《そ》らすように巧妙に人心を操ってきたために、誰もこのようなことに気付き得なかったのである。したがって、道徳観念の強い人ほど世の人々の尊敬を集め、その尊敬される人が実は悪魔の手先になって地球を破滅の方向へ導いてきたのである。

現在、社会的に高い地位にある人の大半が地球学的な観念から一歩も踏み出し得ないような狭い視野の人物ばかりであることは、右のことを現実に示すものであるが、そうした在り方では地球人の真の幸福は絶対に在り得ない。宇宙における地球の位置を知らず、宇宙創造神の御存在も御意図も知らず、地球人がなぜ地球に降ろされたかも知らず、地球人は如何に生くべきかを知らず、星の世界を知らず、死後の世界も知らず、唯、眼前の欲望に駆られ、自己中心に終始して生きている。そんな人ほど情熱的で我欲が強く、自分の心の在り方や行動が他人にどのような影響を及ぼすか、考えてみようともしない。そして、ややもすれば批判的態度を堅持し、まるで自らが神様にでもなったかのような口振《ぶ》りで立派な言葉を吐きながら、その心はすっかり錆びついてしまっていて、地獄の鬼宛《さながら》の人が多いのである。

霊波念波の実在と作用を知り、これらを捕捉し得るようになった私は、前述のような社会の実状を初めて知って、地球人の幸福のために、これは由々しいことであると痛感したのである。情熱的な人の心の奥深く食い込んだ悪魔の波動のために、その当人のみならず、四囲の人々の心身まで苦しみを与えるのである。この悪魔は、オリオン星座及び土星（外星）に本源を発しており、地球の破滅を企図して、我欲の強い地球人の心に巣食って地球人をその意の儘に操って過去三千年間に亘って地球人を支配してきたのである。

このようなことは、今日までの学問や教育で培われた頭脳では絶対に分からない。今日までの学問その他すべての文化は悪魔の支配下にあって発展してきたものであって、悪魔はその姿を暴露されることを虞《おそ》れて、地球人を神の御意図に副《そ》わないように仕向けているからである。このような悪魔を数多く入れている人ほど悪魔という言葉を嫌《いや》がる傾向が強いのも蓋《けだ》し当然であろう。

わが国はどこの国よりも宗教が盛んである。これは情熱的な人の数が多いからであって、宗教が盛んになればなるほど、宗教の背後霊と情熱的な人々の念波のために、世の中は益々不幸に陥っていくのである。わが国の憲法が信教の自由を謳っているために、各種の宗教が世に蔓《はびこ》り、日本人の心がいよいよ腐敗しつつあることを為政者が全く気付かないのは、云うまでもなく為政者も指導者もオリオン文化的頭脳しか持ち合わせていず、霊波念波の存在も作用も知らないで、真理に立脚しない情熱を以て国政に当たっているからに外ならない。

三千年以来《このかた》、悪魔の支配下に陥って我欲を縦《ほしいまま》にしてきたほとんどすべての地球人には、私の云うことはさっぱり理解できないと思う。それは、心の波長が相違しているからである。研究探究的な態度では絶対に分からないのである。まず何を措《お》いても、われわれ地球人が宇宙創造神によって生かされているのだ、という敬虔と感謝の心にかえって、神の教を素直に守る、そのような心の在り方になって初めて分かるのである。

今日まで地球人が考えていたことはすべてオリオン文化的考えであって、最早、そのオリオン文化は消滅しなくてはならない時に到達している。それは宇宙の法則であって、人間の力では如何ともすることができないのである。オリオン的頭脳の持ち主は、今こそ自己の低級さを知らなくてはならない。低級だからこそ謎や不思議が多く、これを解明しようとして研究探究に走るのであって、宇宙創造神の教を素直に守って生きるとき、何ひとつ謎も不思議もなくなり、今まで無駄ばかりの生き方をしていた不自由な自分の姿を見出すことができるのである。

地球人が情熱を捨てて無の心にかえり、我欲を一切擲《かなぐ》り捨てて宇宙創造神の教を素直に守り抜く努力をするとき、神霊界星界としっかりつながれるように神は仕組んでおいでになるが、我欲の強い地球人は容易なことではそのような心組みになることができず、今日まで長い間不幸から免れなかったのである。

私は、一度《ひとたび》自分が神に反した生き方をしていたことに気付いたならば、直ちにその間違いを改めることこそ高級な人間の執るべき道であると思い、心を訓練する努力をその時から実践に移した。オリオン文化的な観念想念をすっかり捨て切り、無の心に返り、神の教を素直に守る自分になる努力をはじめたのである。四十年間に亘って心身に沁みついた観念想念を捨て切ることは実に困難なことではあるが、自分というものを堅持すればこそ捨て切れないのであって、自分というものから脱却し得た心境になってこのことを顧みると、自分というものに執着することが実に大変な欲心であるということもはっきり分かるのである。こうしてすべてを捨て切った時、初めて地球人にとって未知の世界である神霊星界のことが自ずから分かるように宇宙創造神は仕組んでおいでになるのであって、研究探究する心組みでは絶対に分かるものではないのである。

無欲の状態になり、心の調整ができたときに、現界はもちろん神霊界星界のすべての真の姿が映し出され、そのような心境になってこそ、地球人の真の幸福が訪れる。眼前の欲望に駆られて我欲に充ち満ち、今までのオリオン文化に培われた心の儘で生きている限り、この神の摂理は永遠に分かるものではない。

この世の中には各種の宗教があって、言葉の上では如何にも真理らしいことを人々に説いているが、宗教を支配しているものはすべて悪魔であって、宗教を信仰することによって宇宙創造神につながることは不可能であり、世の中を不幸にしているものであることも、宇宙創造神と波長を合わせてみる時はっきり分かるのである。

われわれ地球人は情熱を捨てて無の心にかえり、地球人がなぜ地球に降ろされなくてはならなかったか、われわれの祖先がどのような処から地球に降ろされたか、その意義を知り、これからは如何に生きたら地球人としても最も正しい在り方であるかをしっかり知って生きることである。

このような心で生きるとき、情熱はすっかり消えるのである。それは我欲がなくなるからであるが、今日の教育方法は我欲を増強させるように出来ているから、自己中心になり、情熱家が多くなり、競争心劇《はげ》しくお互いに毒素を出し合って、その毒素のために病気や不幸を起こしていても、決してそれが分からない。特に日本は、国法によってオリオン文化を取り入れて些《いささ》かも反省の色がないどころか、文部省においては、道徳教育をまた盛り返そうと努力をしている。これらは、為政者が正しい理念なく、今日まで培われてきた教育方法を最も正しいと思い込んだ我欲の心であるからであって、これからの日本人は、為政者にすべてを委《ゆだ》ねることなく、心の調整を図り、宇宙創造神と波長を合わせ、高級なる地球人に変わる努力をしなくてはならない。

地球人よ、情熱をすっかり捨て無の心に返り、宇宙の法則を弁えて心の調整を図り、新時代の地球人に相応《ふさわ》しい人物にかえるように努力することである。

科学とは何ぞや

地球人のいう科学とは、五感に訴えられる三次元の低い頭脳で計ることを指している。地球人がこの宇宙における地球の位置を知らず、地球外の天体の星の世界の在り方を知らず、地球内で発達したオリオン文化の頭脳と心で得た科学を主張する時は最早、過ぎ去ったのである。

唯今、地球内において争いを起こしている科学と宗教は、すべて背後がオリオン星座や土星外星の、地球人の肉眼に触れることのできない霊波の作用であり、それによって地球人が争いを起こしている型であって、大宇宙と交流できる筆者は大変気の毒に思うのである。

今日のオリオン文化は、まず学校教育が基礎であって、それは、国語、算数、理科、社会等に分類して、記憶力と思考力を養成するに外ならない。その結果、人の物真似を正しいと思い込む人々を沢山造ってしまったのである。

大部分の地球人が我欲強く、その我欲を捨てるために地球に降ろされたのであっても、地球人は、自分が我欲が強いということを認識することができない儘に、見たい、聞きたい、知りたいという、欲望の虜《とりこ》になって発達したオリオン文化を最も正しいと思い込んで、三千年の歴史を造ってしまったのである。

この中に住んでいる地球人の頭脳と心は、オリオン文化以外に何物も持ち合わせないのである。そして、今日の天災地変や事故や病気不幸を止める術《すべ》を知らない儘に、大変不幸な生活をするのが地球人の姿である。

低級なるが故に病気や不幸である地球人達ではあるが、自分達の低級さを知ることもできず、唯々、自分達の頭脳や心を頼りにして、それを完全であると思い込みながら、迷い疑って生活をしている姿は、大変愚かである。

特に、科学を主張し、自分は立派であると思い込んでいる科学者は、自分をインテリであると買い被って、地球内で発達した科学、即ちオリオン文化を最も正しいものであると思い込んでいるために、科学の低級さ加減を知ることもできない儘に、科学が万能であると思い込み、自分の体験や地球内で発行になった書籍以外のものは取り上げることができない状態である。

それは、科学者の心が分裂して、真理を把握することのできない三次元の頭脳であるからに外ならないのである。

筆者は、自分の愚かなる心を知ることができた。それは、宇宙創造神の御教えを守ることに努力をして、地球外に出て地球内を見る能力を与えられ、地球は大宇宙より隔絶された宇宙の牢獄の位置にあったのであることを知ることができたからである。

優良星界人と交流してみて、自分が地球に降ろされなければならなかった意義も、しっかり知ることができたのである。処が、地球人全体は、オリオン文化に染まった思想の持ち合わせしかなく、三次元の低い頭脳であるがために、自分は科学者であると自負している人の頭脳では、優良星界人のことについて話をしても、絶対に分からないのである。それは、心が分裂して、心のスクリーンが濁っているために分からないのであって、その方法は心の調整を行うことによって可能であるが、科学者の頭脳は、なぜだろうという疑問の心で発達しているから、心の調整を図ることは不可能であり、大部分の科学者は、優良星界人との交流については分からない状態である。

地球は三千年の長い間、不良星界であるオリオン星座の支配下に入り、宇宙創造神の光と力を絶って発達したオリオン文化で今日に及んだ。そのために宇宙と交流を杜絶されているが、地球人はそのことについても、何等分からない低級なる頭脳で、オリオン文化で発達した科学を万能であると思い込んでしまったのである。

昭和三十八年八月二十一日午前八時二十分、東京放送『ラジオスケッチ』で取り入れた「宇宙無責任戦争」の取材について、筆者は大変びっくりした。それは、取材をする人々が三次元の頭脳であるために、くだらないことを大きく取り上げて、人心を迷わすような番組であったことである。

地球人は大宇宙のことについては無知である。それは、三次元の低い頭脳であるためであって、地球人が宇宙創造神と波長を合わせ得る心に変わりさえすれば、大宇宙は、はっきり分かり、あのような番組を国民に聴かせる必要はないのであるが、悲しい哉、地球人全体が三次元の低い頭脳の持ち合わせしかないのである。

筆者（田原澄）が優良宇宙人と交流するについても、これを神秘的なことであると考えるのは早計である。今日まで地球上において宗教が発達した。それは、地球人が、何か目に見えない神に対する憧れの心、または敬虔と感謝の心があまりにも強いために、地球人の肉眼に触れることのできない霊波が地球人の特定の身心内に入り込み、神通力を与えて宇宙の真理を解き聞かせて発達したものである。その宗教が、如何に世の中を不幸にせしめていたかということも、三次元の地球人には知ることもできず、無知なる生活を続けているのである。

「宇宙無責任戦争」とは、C・B・A、即ち宇宙友好協会と町の科学者との争いを採り上げたものであるが、地球人が四次元の世界を知り得たならば、両者共に間違った在り方であることもはっきり分かるのである。だが、悲しい哉、地球人全体が、三次元の低い能力であるために、それを知ることもできず、果たしてこの問題がどう解決つくか分からない状態であって、このような問題を取り上げなくてはならないのは、地球人が如何に低級なる生活を営んでいるかということを物語っているものである。

地球人が四次元の世界の分かる心の調整をするように努力をする時、今日の平面科学では最早、間に合わぬことも、はっきり分かってくるのである。

科学者は自らの心得違いを早く知らねば、最早、この地球には生存できない状態に入ったのである。立体科学を分かる頭脳になる時、今日までの科学の低さ加減も自ずと分かるようになるのである。

今日の地球は、この科学者が幅を利《き》かせて、自分達の定義以外は取り上げようとしない。筆者が立体科学を解して神霊星界と通ずるようになっても、それを信ずることができず、三次元の科学者にその解明を求めようとしている。即ち、社会的な地位のある人であるならば、最も正しいものであるとの判断を下しているのであるから、地球人がいかに低級であるかということを知ったのである。

科学者は立証を尊んでいるが、その立証を認めようとしないのは、科学者の中に入っている悪霊波が認めようとしないためである。

今日地球上にあり、地位、名誉、金銭を持つ科学者ほど、自已が今日まで築き上げてきた在り方が最も正しいと考え違いしているため、他を容れることができない。非常に固い暗い狭い心を堅持して、人の書いた書籍を頼りとし、図書館にある書籍がすべてであると思い込んで、それ以上のことは常識でないと、自分の非常識さも知ることができない儘に、生活を続けているのである。

今日まで科学者なりと威張って生活をしていた人々も、最早、地球には生活できない時がやってきたのである。なぜなら、心の調整ができず、悪魔の手先になっている輩であり、地球を滅亡させるものであるからである。

科学者は、自分が科学者であると威張る前に、まず「科学とは何ぞや」ということを知らなくてはならぬ。悪魔の手先にある科学は、地球を滅亡させねばならぬ。

われわれ地球人は、何時までもオリオン文化を追うことなく、心の調整を図り、宇宙創造神と波長を合わせ得る心の状態に返り、神霊星界と交流のできる高級な地球人にかえることが、今後の在り方である。

科学者達は、まず、オリオン文化に染まって分裂している自分の心の状態を知ることが大切であるが、科学者になった人程、自分の間違った心を発見する能力を持たない。これは、科学者ほど背後で凶悪なる悪魔が巣食《すく》っているからである。

背後霊が友好協会に挑《いど》む。それに対して友好協会が反発する。高級な地球人になると、このようなことを取り上げるラジオ当局者の無知さ加減を嘆くものである。

地球人全体が今日までの心得違いを知り、優良星界人の言葉に耳を傾ける心に変わる時、地球人が如何に間違った生存を続けてきたかということもはっきり分かるのである。今日までの教育は地球人がなぜにこの地球に生かされ、いかに生くべきか、それすら知らされず、宇宙の位置を知ることもできない低級なものであることも分かり、その学校教育を最も正しい在り方であると思い込んだその低級さ加減も、しっかり分かってくるのである。

地球人は己れの心の非を悟ることができず、地球内にある科学、宗教等を最も正しい在り方であると考え違いをしている。それがために、空飛ぶ円盤を巡って争いを起こすようなことになるのである。

優良星界人は、地球人が正しい生活のできるようになることを要望して、昭和三十八年三月二十五日、日本東京の上空に優良星界人の人工衛星基地を設けられた。今後の地球人は、この基地よりの指導の下に生きねばならぬ時が来たのである。

地球人は素直な心にかえり、宇宙創造神の御教えを守り得る心にかえることであるが、悲しい哉、オリオン文化を吸収してきた科学者ほど、敬虔と感謝の心にかえることができないのである。また、宗教家は、一生懸命、熱心、一心型が多く、このような人々は悪魔と共にいるため、祈りを捧げてみても、神秘を求めてみても、心の調整を図ることができないために、大宇宙との交流は不可能である。いずれにしても、方法を誤りながら生活するということは、争いを起こすより道がないのである。

ラジオやテレビは、何時までも詰まらぬテーマを続けることを止めて、まず報道関係者が四次元の勉強をすることである。しかし、何しろ唯今の報道人は、オリオン文化の権化であるために、四次元の世界の勉強をすることは甚だ不可能であるとはっきり言えるのである。

東京放送の報道員が来て、「地球平和のために努力をしているのであるならば、少しでも多くの人にこれを伝えるように」と言われたが、三千年の歴史を覆《くつがえ》さなくてはならぬ宇宙学は、地球学をすべてと思い込んでいる低級なる地球人の頭脳、心では理解できない。

今後の地球人は、見たい、聞きたい、知りたいの欲望をすっかり捨て切り、己れを虚《むな》しうする努力をすることである。このような心ができる時、今日の科学も宗教も大変な間違いであることをしっかり知り、地球人がなぜにこの地球に降ろされたか、その意義もしっかり分かってくるのである。そのような心になる時に、今日の科学の低さも分かり、威張って科学を主張した哀れな我《わ》が姿のみがしっかり分かり、自分達の前途に大変な壁の横たわっていることも、口幅《くちはば》ったいことは云えない自分であることも、はっきりと分かるのである。

地球上にある科学者、宗教家の反省の時が来たのである。

第三章　「洗心」への道

宇宙創造神の御意図

地球人は、宇宙創造神の御存在を知ることもできず、唯、肉体の欲望にかられ、自己中心、自己主義、個人主義、自己満足をすべてと思い込んで生きてきた。

このような心からは毒素が発散し、人体を害していくが、それすら知ることのできないような低劣な心で生きてきたのが地球人の姿である。

地球上の空気は地球人の邪念の為に汚染されて、優良なる星界人が地球上を訪問しようと思ってもできない状態である。

今日の状態が続く限り、地球は破滅しなくてはならない。その危機に直面しながら、理念の眠っている地球人は、自分が危険な地球に住んでいる自覚をすることもできないように低劣な心で生活しているのである。

地球人の希望は、良い家に住んで、良い物を着て、良い物を食べて、地位、名誉、財産に恵まれることを最上と心得ている。利害得失によって生存をしている。勢い自己中心であるために自己の幸福になることのみをよろこびとし、他人の不幸をよろこぶ悪い癖がある。

今やその極限に達しており、収拾つかざる状態にあるので、宇宙創造神は宇宙の法則を地球人に伝え、地球の幸福を意図されているのである。

地球人が宇宙創造神の御名を出しても信ずることができないのは、唯物思想の為である。心を清め、「無」の心の状態になると、宇宙創造神の御存在をしっかり知ることができるのである。宇宙創造神と波長を合わせると、立体科学がはっきり分かり、地球人の間違った心がしっかりと分かるのである。

今日の学問は、研究、探究で発達したが、中心がない為にどの学問も行き詰まりを生じてきた。宇宙創造神の御意図に適っていない証拠である。

地球学は、難しいことを教え、簡単なことは最も低級な人がすることであると、学問の中に地位や名誉や金銭をからませて、地球人の欲を利用して発達した。欲深い地球人は、自分がオリオン文化にまんまとだまされていることをも気付くことができず、教育制度に不審を抱くこともなく、また、それから出来た階級制度や社会機構についても、間違っていることを感ずることもできなかった。

地球人は欲深であるために、この欲を利用して教育が発達し、記憶力と思考力のみですべての人々を統率してきた。そうした地球人が、不幸や不運に嘆くのは当然である。

科学万能が唱えられる今日、病気や不幸が多いのは、オリオンの魔術に引かかっていたからであるが、欲深い地球人はこの落とし穴に気付くこともできずに今日に及んでいるのである。

三千年の長い間、オリオンの魔術にかかっている地球は、ほとんど滅亡に近い状態に陥っている。

宇宙創造神は、この地球を救わんと努力をされて、取次の器械（田原澄）を使い、宇宙の法則を地球全体に伝え、優良なる星界人と交流し得る、精神の豊かな地球人にしたいと意図しておられるのである。

取次の器械は、心の間違いの為に地球人として地球に降ろされていることを認識し、自らの心の非を悟り、宇宙創造神のお言葉を全地球人に伝えてはいるが、自分は最も愚かなるものであることを心から感じ、日夜「洗心」につとめているものである。

神は、「強く、正しく、明るく、我を折り、宜しからぬ欲を捨て、皆仲よく相和し、感謝の生活をせよ」と仰せられる。また「憎しみ、ねたみ、そねみ、羨やみ、呪い、怒り、不平不満、疑い、迷い、心配ごころ、とがめの心、いらいらする心、せかせかする心」は悪魔とつながる心であると仰せになる。この神の教えを守る心になることを、神は意図されておられる。

神の教えは分かっても、それを守って生きる人がいない。それゆえの今日の不幸である。電灯がつく理論は分かっていても、工事をしなくては電灯はつかないように、頭で分かっていても心の調整が図られねば神の意図には副わないのである。

地球人は、今日までの間違った観念を捨てて、宇宙創造神の御意図に適う「洗心」をしなくてならない。

洗心とは

われわれは教育により知識を得たが、このような知識はかえって不幸のもとをつくりだすものである。それは、自己が中心であり、自分を満足させ、優越感を抱かせ、自尊心、自負心、自信に満ち満ち、希望という心を養うからである。

日本は満六歳に達すると、国法をもって教育制度に従って教育を受けなくてはならぬ仕組みになっている。猫も杓子もすべての人が教育を受けねばならぬように仕組まれている。純真な心などみじんもなく、すべての人々が生存競争の渦の中に入るように仕組まれている。のろのろした人は生存できないように仕組んである。教育に携わっている人々は、明治時代に制定された教育の方法、即ち数学・社会・理科・語学等に分類して教える方法を最も正しい方法と思い込んで指導をしている。思考力や記憶力のみ発達させていびつな頭を作り上げ、自分の偏った、間違った頭の調子を知ることもできず、最も自分は優れた頭であると自負して指導に当たっているのであるから、情けない次第である。

教育の中に、地球人の起源が説かれてない。われわれ人間は猿から進化したものであると教えられているが、これを正しいと思い込んでいる指導者は現今もこのような教え方である。教える方も教えられる方も正しい理念のない証拠であるが、これに対し疑問を持つことのできないように、悪魔は地位名誉金銭を教育の中に絡ませて地球人の欲をそそり、オリオン文化を発達せしめたのである。欲深い地球人は、その点に疑問を持つことなく、学校や社会における試験に見事パスして高い地位につきたい、ただその欲望のみで、理解力・判断力・創造力においては全く無能な生き方をして今日に及んだのである。

或る科学者と対談してびっくりした。科学と宗教は別世界であると頭から宗教を否定される。宗教はもともと悪魔の支配下であるから尤もなことであると思うが、真理を説き正しい理念を話しても、宗教と同一視して否定する。宗教は自由であると今日まで教育の中に取り上げられなかったことは頷けるが、正しい真理までも同じように考える科学者の無知さにあきれるのである。この様な科学者が殖えれば地球は滅亡しなくてはならぬが、このような科学者を礼讃するようになったのは、今日までの教育制度を正しいと思い込んで発達したオリオン文化の不幸である。

ボタン一つで原水爆が地球を不幸にするような時代になったのも、今日までの教育制度を正しいものと思い込んで思考力のみを発達させた副産物である。

アメリカ、ソ連が競って宇宙開発問題に乗り出したのも、正しい理念がないからである。今日までの教育制度を過信して、そこから発達した頭脳をもって行われているのであって、これが進む限り地球は不幸に陥らねばならぬのである。お互いの国が口では平和を唱えながら心の中では競争心を持つことは、オリオンの悪魔が入り込んで踊らされている姿であるが、これは単にソ連やアメリカの例だけでなく、地球人すべての心の中に大なり小なりオリオンの悪魔が入り込んで種々な悪さをしているのである。

今日までの教育制度の在り方は、単なる記憶力と思考力の学問であるが為に、視野が狭く肉眼で見える現象界のことばかりの方法であって、これを三次元の学問という。頭脳だけ発達させる方法であり、優劣上下の階級をつくるためにたえず競争心に満ち満ちていて、神が出してはならぬと仰せになる「憎しみ、ねたみ、そねみ、羨やみ、呪い、怒り、不平不満、疑い、迷い、心配ごころ、とがめの心、いらいらする心、せかせかする心」を起こし、心の分裂を図るように仕組まれている。今日までの教育制度で発達した頭は絶えず心の分裂を起こしている為、心が乱れ、汚れ、濁っているから、神霊界星界のことについては全く分からないのである。心のスクリーンが濁っているから映らないのである。今日までの学問を余計にした人ほど心のスクリーンは汚れているので、立体科学は分からないのである。

今日までの教育は、心の汚れた人でも鬼のような心の人でも誰でも学ぶことのできる方法であったが、神霊界星黒を知る立体科学は、まず心の調整を図る心洗いをしなくては分からない。

地球がオリオンの支配下にある間は三次元の学問で間に合ったが、四次元の立体科学がはっきり分かり得る心に変わらなければ生存できない時に到ったのである。上層部であろうが指導層であろうが、立体科学の分からないような低い心の持ち主は処理されねばならぬ時に到ったのである。過去の学問を振り廻すことはちょんまげで往来を歩くようなもので、今や時代遅れになったのである。

教育に携わっている人々は、錆びついている理解力・判断力・創造力を磨いて、いびつなる頭より正しい頭にかわって人々を指導しなくてはならぬ時が来たのである。これができない人は地球の毒虫であるから、すべからく地球上から消えなくてはならないのである。なぜなら、地球が今日までの地球の位置でないからである。

今日までは、オリオン星座の支配下にあった為に低級なる上層部や指導層で間に合ったのであるが、これからの地球は位置が上がり優良なる星の世界と交流できる時に到ったのである。三次元の学問を振り廻し、訳の分からない矢鱈に難しいことを知ることが高級であると考えていたことがどんなに低級な考えであったかということを、はっきりと知る時が来たのである。

地球人はだれも宇宙学を知らないのである。宇宙学の文字を見て振り向こうとしないのは、欲深い心のために理解力や判断力創造力の鈍っているためであるから、このような人は余程自覚をしない限り地球の毒虫になるから処分されねばならぬのである。特に上層部や指導層にある人は、自らの心の間違いを知って心の反省をしなくてはならぬ。心洗いをしなくてはならぬ。その方法は、神の教えの「強く、正しく、明るく、我を折り、宜しからぬ欲を捨て、皆仲良く相和し、感謝の生活をせよ」を守り「憎しみ、ねたみ、そねみ、羨やみ、呪い、怒り、不平不満、疑い、迷い、心配ごころ、とがめの心、いらいらする心、せかせかする心」を起こさないように、心の調整を図ることである。

今日までの教育の方法は、我欲を満たす方法であった。その為に神の御法度の心を起こしていたのである。悪魔に支配された学問を正しいと思い込んで努力をしていただけに、国民全体の「洗心」はなかなか難しいことであるが、これがはっきりと分かった以上は、如何に難しいことでも、国民こぞって「洗心」をして高級な地球人になるよう努力をしなくてはならない。特に日本は、地球の中心になる国である。その国民の堕落が今日の地球の不幸なのである。われわれ日本人は、早く目覚めて「洗心」をし、宇宙創造神と心の波長を合わせ得る高級な地球人にかわらなくてはならぬのである。

今日までの学問は分裂の学問であった。洗心して心の調整を図る時、すべてのものが整い、人間の身体内に英知が漂ってくる。その時こそ正しい科学が発達して、今までよりもずっと楽しい高級な生活ができるようになる。

現今、科学万能が唱えられていても現実において非常に不幸が多いのは、分裂する心を養わせる教育方法であったからである。「洗心」をするとすべてのものが整ってくるから、病気不幸すべてが消えて地上天国ができ上るのである。地上天国を夢みながら地上地獄が出現しているのは、教育制度の誤りにあったからである。そのことを悟り、国民の一人一人が目覚めて「洗心」をしなくてはならぬ。その方法は心の調整を図ることである。

まず、いかなることでも今日与えられたことに感謝して生きることである。神は「与えられたことに対し感謝して生きよ、与えられないことに対し感謝して生きよ、与えられないものを欲することはこれ欲なり、与えられたものを拒むこともこれ欲なり」と仰せになる、この教えを守り、生きる努力をすることである。

地球人は特に儲けることを考えたがるが、そのような間違った観念が各自不幸のもとをつくってきた。人間に最もできないのは欲の矯正であるが、取次の器械（田原澄）は神の教えを守ることによって欲を出さなくても立派に生活ができることを知ったのである。

人間は教育制度の誤りを知らず、之を正しいものであると考え違いをしていた為に、宇宙創造神の御存在を知らず、宇宙の法則を知らず、オリオン文化で作られている道徳観念をもって生きていた。之を最も正しい観念であると思い込んで、狭い、固い、暗い心で生きていた為に謎や不思議が多く、これを解明することができず、絶えず病気不幸で苦しんでいたのである。

宇宙創造神と波長を合わせ得る心にかわる時、病気不幸一切は消えるように仕組まれている。優良な星の世界の人々は、自他一体の愛の心で生きている。現今の地球人にこの様《よう》なことを言っても馬の耳に念仏であるが、洗心をするほど地球人の汚れ乱れた心がはっきりと分かるようになる。

人間は一人一人顔も心も環境も違っている。その為に「洗心」の方法も自ずと一人一人に差はあるが、要するに、自分をなくする、我を折る訓練から行う時、洗心はた易くできるのである。洗心の難しい人は我の強い人であり、このような人は霊界に入っても苦しまなくてはならぬ人であり、また子孫や周囲に迷惑をかける人である。なるべく他人に迷惑をかけない自分になるには、我を折る訓練から努力をすることである。自分がないものであると思うと怒る心や激する心は起こらないはずであるが、今日までの教育の方法がすべて自己を増長させる方法であった為に、宇宙創造神との波長を絶ってしまったのである。自惚れ、自尊心、自信等が最も低劣な心であることを悟り、まずこのような心にならない自分をつくることが洗心である。この心さえ自制できると、洗心はたやすくできるようになるのである。

「与えられたことに対し感謝して生きよ（受けよ）、
与えられないことに対し感謝して生きよ（受けよ）、
与えられないことを欲することこれ欲なり、
与えられたことを拒むことこれ欲なり」
この四つの教えを守ることも「洗心」なり、と神は申される。

地球人のこれからの在り方について

地球人は、三千年の長い間宇宙創造神の御存在を知らず、宇宙の法則を知らず、宇宙における地球の位置を知らず、勝手気儘な我欲の心を最も正しい心と思い込んで、オリオン文化に浸り切って生きてきた。その為に病気や不幸の絶え間がなく、自らの間違った心によって苦しみ、悩み、悲しんでいるが、その原因に気付かないのである。

地球人には欲がある。見たい、聞きたい、知りたい、欲しいという欲がある。それは、地球人が生かされているという根元の意義を知らずに生きているからである。

私（田原澄）は、九年前、宇宙創造神より「お前は最も低級なる女である」と指摘された。自惚れ、自尊心、自信に充ち満ち、希望という心を持っているからであるとのことであったが、神の仰せのとおり、正に低級であることを私ははっきりと認識することができたのである。もし私がもともと高級な人間であったならば、学校教育を受けた時に既にその教育の在り方の間違いに気付いたはずであるが、四十路を迎えるまで学校教育によって培われた心を正しいものと信じて生きていたことは、私が低級であった証拠であると云わなければならない。せめて幾人かの地球人がこのような間違いに気付いて教育面に神の教えを採り入れていたならば、今日のような混沌とした世界の状勢にはならなかったであろうが、低級なことは、私ばかりではなく、地球人のすべてがそうであったからこそ、現代の行き詰まりを招いてしまったのである。

私は、神の仰せになる「強く、正しく、明るく、我を折り、よろしからぬ欲を捨て、みんな仲良く相和し、感謝の生活をせよ」との教えを守り、また「憎しみ、嫉み、そねみ、羨やみ、呪い、怒り、不平不満、疑い、迷い、心配ごころ、咎めの心、いらいらする心、せかせかする心は、悪魔と通ずる心であるから、決して起こしてはならぬ」とのお諭しを実践し切る境地に達するのに五カ年の歳月を要したが、神の教えのとおりの生活を重ねる中に、日一日と心が調整され、心の扉が一つ一つ開かれて、神霊界は勿論、星界とも交流できるようになった。そうして、この地上に生を享けて四十余年間、如何にも地球人的に我欲に充ち満ちて生きてきた自らの低級な姿を今更のようにはっきり認識させられたのである。

星界人と交流できるようになってまず知り得たことは、地球人の起原であり、その理由であった。

地球が人類の住めるような状態になったとき、宇宙創造神は優良な星界人の中の異分子である悪人や厄介者を一括して地球にお降ろしになり、地球をそのような人々の「洗心の道場」とされた。それがわれわれ地球人の祖先なのである。根が悪人や厄介者であったから、我欲が強く、神の御意図である心洗いを疎そかにして我欲のおもむくままの生活を続けていた。そうして、地球外の天体であるオリオン星座の悪魔霊から発せられた邪悪なる波動を受けて、強い我欲にさらに拍車をかけられ、全く悪魔の虜となってしまい、以来、三千年の長い星霜を経て今日に至ったのである。

一面において地球人は善たらんとする欲求を持っているが、善たらんとする心が悪をつくり、悪霊波とつながるものであることに今日まで気付き得なかったのは、オリオンの悪魔によって理念を眠らされていたからである。

私は、ただひたすらに神の教えを守り、無の心、素直な心で生きることをモットーとして日夜努力してきた。人々の眼には馬鹿としか映らなかったであろうが、オリオンの悪魔が教えた「憎しみ、嫉み、そねみ、羨やみ、呪い、怒り、不平不満、疑い、迷い、心配こころ、咎めの心、いらいらする心、せかせかする心」を起こさないようにひたすら努力したのである。そして、はっきり分かったことは、地球人がもっている根強い我欲の為に、この神の御法度の心を制することが困難であるということであった。大抵の人が我欲を捨てることは容易じゃないと云うが、一応まことにそのとおりである。なぜなら、我欲が強かったからこそ悪人や厄介者としてこの地球上に降ろされたのがわれわれ地球人の祖先だからである。

神に、洗心に努めるように命ぜられたわれわれ地球人の祖先が、心洗いを疎そかにして我欲に捉われた為に、オリオンの悪魔のつけ入るところとなり、子々孫々、我欲が深まってきた。そのような心を基盤に築かれ栄えてきた今日の文化を、真に正しい文化であると妄信している現代人の姿は、まことに気の毒であるというべきであって、このようなオリオン文化は消滅すべきものであり、その時期は既に到来している。そのことも知らず、逆にその文化の隆盛を謳歌《おうか》しているのである。

オリオン文化の中核を為している諸々《もろもろ》の学問、この地球学が地球人の間違いの第一である。心洗いに努めて心を調整すれば、宇宙創造神の御心に通じ、神霊界や星界のことは自《おの》ずから分かり、神の真理に副った真の文化が築かれていくのであるが、オリオンに蝕まれた心では到底真理をわきまえることはできず、固い、狭い、暗い、自己中心の心から発散する毒素の為に、自他共に傷つき不幸を起こしている。そのことも知らず、不遜にも人智の集積にすぎぬ科学の万能を謳歌しているのである。

宇宙創造神は、地球人のこの有様を憂えられて、人々に神の真理を伝え、洗心が人生の根本義であることを説き聞かせるために、今日まで数多くの取次の器械を作り給うたのであるが、悉《ことごと》く我欲の虜となって神の御意図に叛き、神の光と力から遮断されてしまった。そうして、長い間の暗黒時代を経て、今日ようやく神の御心に適う取次の器械（田原澄）が誕生し、優良な星界人とも交流し得るようになったのである。

とかく地球人は、我儘気儘に我欲に駆られて生活していて、心のスクリーンを濁らせているから、このようなことにはなかなか耳を傾けたがらない。けれども、今日では最早、そのような態度は許されなくなったのである。なぜなら、昭和三十五年二月二十三日、日本皇孫殿下浩宮御誕生と共に、宇宙における地球の位置が変わり、優良なる星界人と交流し得るように向上したからである。宇宙の牢獄としての地球の位置から解放されたのである。

このような時期に当たっても、神の御意図である洗心に目覚めない囚人的人物は、神の手によって、この新しい時代の地球から旧の地球のような他の天体に降ろされるのである。今までは、神に反するような人物でも生存を許されていたが、宇宙の牢獄でなくなった以上、最早、それは許されなくなったのである。

私がこのようなことを書けば、大多数の地球人から反駁《はんばく》されるであろうことは百も承知しているが、然し、真理をわきまえず、真に生きる道を知らないからこそ反駁するのである。地球人が賢かったならば、今日のように公平を欠く学問や教育に力を入れるはずがないのであって、我が国のように、明治時代に制定された学校教育の在り方に今なお安んじて信頼しているのは、地球人の我欲が強く、社会的な地位や名誉や金銭の獲得を以て幸福として憧れるような心を正しいと考える魂の人々が大多数であることを如実に物語っているのである。さればこそ、階級制度を初め、あらゆる社会機構の現状に対して何らの疑念も抱かないのであって、地球人のこのような思想が神を見失わせ、自他を不幸に陥れているのである。

今までの地球人は、まず何よりも自己中心であり、自己の地位や名誉や金銭にすべての主眼を置き、また、自我意識が旺盛であるから、善に憧れ善を求めることが悪をつくり悪に染まって神意に反することになろうとは全く知らず、逆に神に愛せられる人間であると間違った自負心に満ちて生きてきたのである。

私は、日夜心洗いに努めている中にこのことが分かってきて、「無」の心こそが人間の真の幸福を齎らす心であると今はっきり申し上げることができるのである。地球人の我欲ほど根強いものはない。自分ではすっかり捨て切ったつもりでも、不知不識の裏に心の隅に甦ってきて、宇宙創造神と波長を合わせ得ない旧の心の状態に戻ってしまう。そして、なかなかそのことに気付かないのである。

私が洗心の努力を志してから五カ年の長い間、この根強い我欲を克服するために舐《な》めさせられた苦悩は並大抵のものではなかった。然し、その修練を達成し得たとき、長年の身辺の不幸はいつとはなしに解消し、自分から欲しくなくても必要なものは必ず神がお与えくださるものであるということを身を以て切実に体験させられたのである。そして、私一人にとどまらず、誰であろうとも神の教えのとおりに日夜実践してこのような心境に到達しさえすれば、病気や不幸は一切なくなり、毎日の生活がただただ有難く嬉しいものに変わるものであることをしっかり知り得たのである。

すべての地球人が我欲を捨て切る心境に達し得た暁《あかつき》こそ、優良なる星界人と同じように自他一体の愛の心に充ち満ち、病院も警察も刑務所も用のない楽園に変わるのであるが、これが実現するにはなお四百年の歳月を要すると神は仰せになっており、せめてただ今すぐにも洗心の実践に第一歩を踏み出そうと志す人達だけでも、各自が努力を重ねるならば、たとえ少しずつであろうとも、それだけこの地球は明るく平和に向上するのである。

良い教えを知っていても、なかなか実践が伴わないのが地球人の常であるが、すくなくとも何とか実践しようとする意気を持つことが大切である。私が九年前に神の教えを奉戴《ほうたい》した時、自ら実践しないうちはそれが神の教えであっても、他人に対して押しつけたり折伏したりしてはならない、良い教えを知ったならばまず自らが実践することが先決であって、他人に対して批判がましいことを云う必要も資格もない、自分が神に恥じない心になり切ることが何より大切であると思ったのである。四囲の人々が如何にオリオン文化的に悪賢い生き方をしていようとも、自分だけは神の教えである「強く、正しく、明るく、我を折り、よろしからぬ欲を捨て、みんな仲良く相和して、感謝の生活をせよ」とのお言葉に遵って生活する努力をしようと直ちに実践しはじめたのである。

私は、オリオンの悪魔が教えた「憎しみ、嫉み、そねみ、羨やみ、呪い、怒り、不平不満、疑い、迷い、心配ごころ、咎めの心、いらいらする心、せかせかする心」を起こさないよう、日夜心の調整を図ることに努力を重ねた甲斐があって、今まで地球人の誰一人も知ることができなかった神霊界や星界の在り方をはっきり知ることができたのである。

地球人は、オリオンの悪魔に長い間操られてきているために、絶えず心の分裂を起こし、神の光と力を見失って低級な生活をしているにもかかわらず、高級であるかのように錯覚している。特に上流社会においては、真理のひとかけらもわきまえぬ無知な人々が何かと云えば地位や名誉や金銭を鼻にかけ、自惚れ、自尊心、自信に充ち満ちているのである。

優良なる星界人には、第一に競争意識がない。怒りや憎しみの心を起こすことがなく、いつも自他一体の愛の心で生きているから、病気も不幸も一切なく、それだから病院も警察も刑務所もないのである。寿命も非常に長く、千年ぐらいも生きられる。

このような素晴しい星界に較べて、われわれ地球人は病気不幸の絶え間がなく、悩み、苦しみ、悲しんで生活しているということは、結局、地球人が神の光と力から遮断されているために、朝に夕に神の御法度の心を気儘に起こし、オリオン的教育によって積極的に培われた競争意識をいやがうえにも盛りあげることが立派な生活態度だと考えているからに外ならない。前にも述べたように、そのような心から発散する毒素の為に自他共に傷つき不幸を招いているということに対する自覚に欠けているのであって、これこそオリオンの悪魔の企図である。

五感を以ては認識できない霊波念波の実在やその作用も、心の調整を図る努力を重ねる中にははっきり分かってくる。長年月に亘って興亡してきた諸々の宗教の背後に在って、これを支配していたものが、神の姿を籍りたオリオンや土星の悪魔であったこと、熱心型・真剣型の、いわゆる善良な人々を操り、世の中をより良くする名目のもとに実は逆に不幸にしていたこと、信教の自由の建前から制定された宗教法人法に基いて、一定の形式を備えさえすれば文部省宗務課を通じてどのような教団でも公認される仕組みになっていること、このような現状の根源が悪魔の所業であることがはっきり分かるのである。

文部省と云えば教育の総元締であるが、社会生活の根幹を司る教育の場において、宇宙創造神の御存在すら教えず、まして、宇宙における地球の位置、他の天体にも人類が住んでいること、死後の世界即ち霊界のことなど全く知らない人々によって樹てられた知育偏重の教育方針を堅持している限り、決して社会の真の幸福は齎らされるものではないのである。明治時代にわが国が法令を以て義務教育制を布《し》き、時あたかも海外の新知識を無差別に摂取しようとする風潮の最中であった為もあって、以後今日に至るまで学校教育の重点が知育にのみ偏ってしまった。このことは、近い将来において日本が地球の中心になるという神の御意図をいち早く察知した悪魔の対応策に、わが国の上層部や指導層の人々が乗せられたことの表れなのである。

宇宙の牢獄であった地球の位置が向上し、優良宇宙人と交流できるようになって、今までは如何に心の悪い人物でも地球人として大威張りで生存できたのが、洗心に志さない限り逐次神の手で処理される時がやってきた。それが宇宙の法則である。

真に賢明なる地球人は、今こそ神の教えに遵って日夜心の調整を図ることこそ最も合理的で幸福な生き方であると云わねばならない。洗心は各人の自覚を俟って初めて可能であって、従来の道徳観念のように他人に強いるものではない。宇宙の牢獄であった時代はオリオンの教えた道徳観念でも社会の秩序は保つことができたが、これからの地球においては、各人の自覚による洗心あるのみである。たとえ親子であろうが、夫婦であろうが、兄弟姉妹であろうが、他人の心を洗ってやることはできないのである。

信仰心の篤い人々がややもすれば自責の念に駆られたり過度に感激し易いということは、そのような人々の信仰の拠りどころである宗教というものが、宇宙創造神に対する信仰であるかのような形式であるにもかかわらず、神の姿を籍りた悪魔がその背後に在って支配しているからである。宇宙創造神は、心の激動は悪魔とつながるものであることをお諭しになっておられるのである。

愛国心に燃えて日も夜も足りない思いで東奔西走する憂国の士も、ただひとすじに信仰に打ちこんで礼拝する人も、その言動の根源は欲望である。欲に発した言動は、それがどんなに世人の眼から見て善きことのようであっても、決して神に通ずるものではなく、その背後には悪魔が在って操っているのである。

病気や不幸から救われたい一心から信仰の道に入る人々の数はまことに多いが、キリスト教、仏教を初め、あらゆる宗教の背後に在ってこれを支配しているものはオリオンや土星の悪魔なのであって、もともと同系の悪魔の支配下にある地球学や教育に培われた低次元の頭脳の持ち主である地球人は、つねに心が分裂して神を見失っているために、神の姿を籍りた悪魔の正体を看抜くだけの力がないのである。

地球人は、一般に死と云えば肉体が朽ちることを指しているが、霊は永遠に生き続けるものである。ただし、霊の中には宇宙の法則に適わぬものも数多くあり、それらを正しい姿に直す為に、神の教えを素直に忠実に実践し得る大馬鹿者のような人物を通じて神はお導きをなさるのである。ところが、そのような任務を全うし得る人物が現れなかった為に、この地球は霊界も現界も三千年の長い間暗黒のとばりに閉ざされなければならなかったのである。

いわゆる高天原には、宇宙創造神をはじめもろもろの神々が集い給い、満天のあらゆる星々は宇宙創造神の神意のまにまに些かの狂いもなく運行しつつ、とどまることがない。その星々は優良なるものと不良なるものとに分けられるが、優良な星はおよそ三分の一である。

宇宙間における地球の位置が向上し、優良な星界人と交流できるようになったことは前に述べたとおりであるが、今のところはまず霊的な交流が始まったのであって、地球の霊界の中でも優良な霊達が、さしあたって太陽系の惑星のうちの火星及び金星を訪れて宇宙の法則を学んで来たことを、私は霊界通信によって知った。このようにして地球の霊界の浄化がはじまり、やがて現界の浄化にも及んでくるのである。

私にはもともと、いわゆる霊感も霊能もなかったが、度々述べたように、宇宙創造神にお諭しを受けて以来、自惚れ、自尊心、自信、希望というものを一切かなぐり棄てて、ただひたすらに神の教えのまにまに心の調整を図る努力を重ねた結果、神霊界星界と交流できるようになり、今日までの文化の在り方の根本的な誤りをはっきり知ることを得た。

政治も経済も教育も宗教も、あらゆる社会の機構がオリオンの悪魔によって仕組まれた誤った基盤の上に積み上げられたものであることを私が看抜《みぬ》いたことは、オリオンの悪魔にとっては致命的な打撃であった。過去九年間に私が知り得た未知の世界、即ち、神霊界や星界のこと、霊波念波の実在およびその作用、オリオンや土星の悪魔の所業などについて、今このように次々と書き綴り、これを公表するにつれて、悪魔の跳梁は日一日と困難になってきたのである。

そこで、この地上に屯ろしている悪魔は、褪勢を挽回すべく、総力を挙げて私やその身辺に攻撃を集中し、私を殺そうと執拗に襲いかかっているのである。

私が星界と交流できるようになったのは昭和三十三年六月一日であるが、その翌年の秋の或る日、私に捕捉されたオリオンの悪魔の一人が次のように告白した。

「地球人は我欲が強く、立派な者になりたいという意欲に燃える人々、善に生きようとする人々の数も非常に多いのであるが、このような人々が最もわれわれの乗じ易い好餌《こうじ》で、その心の奥深く食い込んだわれわれは三千年の長い間次から次に地球の不幸化に努力を重ねてきた。ところが、今日お前のような無欲に徹した人間が現れてしまった。お前は、宇宙創造神の光と力が戴けるから、われわれの今までの行状を根こそぎに看破《みやぶ》られてしまい、これからは地球人を思いのままに操ることが不可能になった。実に大変なことになったものだ。三千年来のオリオン文化もまさしく終止符の打たれる時が来た。大変なことになってしまった」と嘆いたのである。

その後、私はオリオンの残党の総攻撃を受け、死に直面すること三百回を超え、筆舌に絶する苦しみを舐めさせられた。それにもかかわらず、今日こうして心身共に健在であるのは、神の教えの「強く正しく、明るく、我を折り、よろしからぬ欲を捨て、みんな仲良く相和して、感謝の生活をせよ」を素直に守り、憎しみ、嫉み、そねみ、羨やみ、呪い、怒り、不平不満、疑い、迷い、心配ごころ、咎めの心、いらいらする心、せかせかする心を起こさないように心の調整を図り、また、「与えられたことに感謝して生きよ、与えられないことに感謝して生きよ、与えられたものを拒むことは欲なり、与えられないものを欲することは欲なり」とのお諭しのとおりに生き抜いたからであって、神と波長を合わせている限り人間の肉体は決してその為に滅びるものではないのである。

人間の病気のほとんどが霊波念波の作用によって起こるものであることも、宇宙創造神と波長を合わせ得るようになってはっきり分かってきたことである。

現今、地球人の大半から信頼されている西洋医学も結局オリオン文化の一端であって、その基礎になっているのは人間の肉体解剖による研究であり、霊や心を置去りにした医学である。肉体は、「カラダ」と呼ぶように、心霊を入れている「殻」であって、その「殻」の手当しか考えないのが西洋医学なのである。

このような低次元な医学を最も合理的であると妄信して、わが国においては法の名によってこれを承認し信頼しているのであるが、知識人と云われる人ほどが信頼の度がつよく、病気といえば「医者よ、薬よ」と騒いで、無用のことに身を窶《やつ》しているのである。

すべての地球人がオリオン文化にすっかり蝕まれて無知であることを自覚できず、病気に対する合理性を欠いでいるために、西洋医学を信頼し切ったまま死んで行った人々の霊が、霊界で迷いに迷って苦しみ悩み、苦しみから逃れようとして、現界の近親者などに縋りつく。その結果、縋りつかれた人も同じ病苦に取りつかれてしまう。

こうしたことは、現今の医学では全く分からないのである。オリオン文化的なことには宇宙創造神や大いに関心をもち、血眼になって向鉢巻を締めてでも学びとろうとするが、病気にも罹るのその教えに対してはこれを否認したり懐疑したりするため、不幸を招き、悩み嘆いてである。そのような現実に直面して、自分はなぜこのように不幸なのだろうと悩み嘆いているのが地球人の常である。そのような迷い・悩みは自らの心の在り方の穢さから生ずるのであって、オリオン的な心を洗い清めない限り、今後の地球には生存できないのである。

人の幸不幸はその人の心に在り、すべて自らが作り招くものである。各自が真理に目ざめて心の調整を図る努力を怠らなければ、悪魔のつけ入る隙がないから、不幸や病気は決して起こるものではない。不幸や病気が起こったのはその人が神に反しているからこそ起こったのであり、同情の余地はないにもかかわらず、とかく地球人は矢鱈に気の毒がる傾向がある。このような感情的な行為がますます地球人の不幸を募らせるものであろうとは、誰も全く知らないのである。

義理人情を尊ぶという道徳感情も亦、オリオンの悪魔から教えられたものである。感情に駆られ易い人ほどオリオン文化に蝕まれていると云って過言ではない。そのような人は自意識が非常に強く、人から尊敬を受けたいという欲から、地位や名誉や金銭に対して人一倍の関心と執着がある。この種の人は宇宙創造神と波長を合わせることが甚だ困難で、上層部や指導層の人々のほとんどがこのような型に属しており、我こそは博士である何々であると自らを買い被っている間は、その指導を受けている民衆ともども真の幸福に至るに程遠いことはいまさら云うまでもない。

宇宙創造神に波長を合わせ得る人々がこの地上を満たすまでは、まだまだ大変な長い歳月を要するであろう。それほど地球人の我欲は強大であって、並大抵なことでは捨て切れるものではないからである。われわれの祖先が地球に降ろされ、われわれがこの地球に生を享けたのは、我欲を捨てよとの神意によるものであるけれども、その実践たるや最大の苦行である。しかし、宇宙における地球の位置が向上した今日では、最早、苦行なるが故に回避することを許されない時に到っている。オリオン文化の甘やかさに未練がましくしがみついた儘ですむような時期は過ぎ去ってしまったのである。

地球人自らの手で作られたすべての社会機構が根底から変わらねばならない時が、今こそ到来したのである。大東亜戦争終結直前まで日本軍隊の解体など全く夢にも考えられなかったけれども、それが現実に行われた。恰度《ちょうど》そのように、オリオン文化の世の中が根こそぎ変わるということもわれわれの直前で実現されるのである。賢明なる地球人は、今日ただいまから洗心の第一歩を踏み出して、神意に適った高級なる地球人として更生すべく努めなければならない。

オリオンの悪魔の画策はまことに巧妙であって、神の真理を盗み、巧みにオリオンの企図を織りまぜたものが種々の宗教宗派または教化団体の教義として人々を教化してきたのであるが、その言葉は地球人の良心に訴えるものを含んでいる。その為に、大いに感動させられるにもかかわらず、いざその教えのとおりを実行しようとするにはまことに困難な社会機構の壁にぶつかる。その結果、教えは頭脳での理解にとどまって、現実には行いもしないのに如何にも真理を体得した立派な人物になったような錯覚に陥ってしまうのである。これこそオリオンの悪魔の思うつぼであって、善人といわれる人ほどかえって世に害毒を流していることになるのである。そして、そのことに誰も気付かない。

宇宙創造神と波長を合わせ得て初めてその事実が分かるのである。オリオンの悪魔の恐ろしさはここに在るのである、「憎しみ、嫉み、そねみ、羨やみ、呪い、怒り、不平不満、疑い、迷い、心配ごころ、咎めの心、いらいらする心、せかせかする心」を野放しにしている間は、真理は決して現実に践《ふ》み行われるものではなく、空文に等しい存在にすぎなくなるのである。

オリオンの悪魔は、御法度の心を地球人が容赦なく起こすように競争意識、階級意識を植え付け、その為に地球人自らが不幸を招くように仕向けてきた。もともと自己が中心である欲深い地球人は、自己完成、自己満足を以て喜びとするために、オリオンに操られた宗教や道徳に何の不審も抱くこともなく、自ら招いた不幸とも知らず、悩み、苦しみ、悲しんで、三千年の暗黒時代を経てきたのであって、その有様を眺めてオリオンの悪魔は手を叩いて喜んでいたのである。

宇宙創造神はこのことを憂えられ、取次の器械を通じて地球人の心の間違いを指摘され、霊波念波の実在をお教えになっておられる。ところが、人間の手で作ったいわゆる器械（機械）ということなら信用するが、私という人間が神の取次の器械であることは納得がいかない。私が神によって作られた器械であるとは到底考えられないというのが、既成のオリオン的観念で凝り固まっている地球人の態度である。

私ばかりではなく、どんな人であっても、神の御意図の儘に洗心に努め心の調整を図る生活に徹しさえすれば、やがては神霊界星界と交流できるようになり、神の取次の器械としての使命を神はお与えになる。神はすべての地球人にそれを望んでおいでになっているのである。然しながら、地球人のほとんどがオリオン文化に蝕まれているために、記憶力と思考力の結晶である人智を過信して、なかなか神の教えには耳を籍そうとしない。宇宙創造神の教えのとおり、素直な「無」の心で生きるとき、我欲の為に閉ざされていた心の窓が開かれ、初めて真の幸福を味わうことができるものであると、神と波長を合わせ得て私ははっきり申し上げられるのである。

地球人がこの地球上に生かされている意義を知り、自らの心を洗い清めなくてはならないという自覚が出来るとき、その人は神と波長を合わせ得る心の素地によって自ずと神の仕組みの中に入り、幸福に明るく平和に生きられることを約束される。自己が中心で自己完成、自己満足をのみ目指して生きる人々は悪魔の支配下に陥って、何れは不幸や病気に泣かなければならないのである。

また、社会の上層部や指導層の人々には特に強い悪魔が食い込んでいるために、このような人々はややもすれば職権を笠に被て威張りたがり、民衆は民衆で長いものには巻かれよ的に保身を図ることに走りがちで、地球人は悪魔に対して如何とも手を下すことができなかったのである。

人間が宇宙創造神の教えを素直に守り、心の調整を図って「無」の心になり切ったとき、初めて悪魔は祓い除けることができる。宇宙における地球の位置が向上し、宇宙創造神は顕現し給い、これまで地球を覆っていた悪魔を祓い除けるべく、その手初めとして昭和三十六年九月二十一日、さる宗教法人の背後霊を祓い除けよとこの取次の器械にお命じになったのである。神命を受けて以来、八カ月の間、私の肉体は瀕死の状態にまで傷めつけられた。

その教団の背後霊は、土星およびオリオンの悪魔と地獄の天使である。土星の悪魔は、その教団の教祖を媒介者として神示なるものを下し、宇宙創造神の教えをひそかに盗んで教義の中に織り交ぜた。一見、まことに崇高な内容を盛ってあり、もともと我欲の強い人々がまんまと欺まされるように実に巧みに仕組まれているのである。立派そうな真理を説いていながら、その教えとは全く別であって、背後霊の正体を看破った私はその恐ろしさをまざまざと体験させられたのである。

日本全国にはびこっているその教団の背後霊は、上層部や指導層にも深く浸透しており、真の宇宙創造神の取次の器械を何とか葬り去ろうと、テレビやラジオを利用して大衆の面前で取次の器械を故意に歪曲した姿に変えて報道し、神の御意図を挫折させようと図った。だが、神にはむかう者の結末を土星やオリオンの悪魔が痛烈に思い知らされる時が来たのである。

前にも述べたように、教団の教祖が私をその機関誌上で低級霊媒者呼ばわりして以来、その背後霊の跳梁は特に目に余るものがあり、私に宛てて数次に亘って書簡を送ってそのことを告げ、自戒を求めてきた。それに対して、私はその教団の理事長宛にも右のことを書き送り、その自覚を促したにもかかわらず、その教祖の背後霊はますますその悪魔ぶりを存分に発揮して、従来にも増してその教団の宣伝に拍車をかけるようになった。

さらには、TBSのスタッフを動かし、『空飛ぶ円盤』と題するテレビ番組の中に当会のことを採り入れて、聴視者に対して当会の在り方を誤認させようと図ったのである。空飛ぶ円盤とは何らの関連もない当会の因縁絶ちの模様を取材し、一見異様な取次の器械の動作を映し出して、御覧のとおり低級霊媒者でありますと云わんばかりの編集ぶりを以て電波に乗せたのである。

その取材に先立ち、かねて面識のある理事長が一女性を伴って来訪した。

「現今、世の中が非常に乱れている。貴会の在り方こそ世人に幸福を齎らす最も正しいものであると思うので、テレビの三十分番組で電波に乗せるから、会の模様を撮影させてほしい」

との申し入れであったので、その言葉を信じて応諾《おうだく》したところ、間もなく物々《ものもの》しい撮影陣が乗り込んできて、因縁絶ちの光景を終始取材して行ったのである。

ところが、その二日後になって取次の器械が捕捉したその教団の背後霊の告白によって、理事長の取材趣旨と現実の番組編集内容とは全く異なるものであることを知った。そこで、直ちに当事者に対して当会に関するものを電波に乗せないようにと理由を挙げて申し入れたが、言を左右にして誰も責任を取る者がなく、申し入れの趣旨は十分に尊重して善処するとの担当者の言葉にもかかわらず、事実は四月十五日のテレビ放送として聴視者の面前に現れたのである。言葉と行いが裏腹なマスコミが大手を振って罷《まか》り通るような有様だからこそ、その教団の背後霊がいよいよのさばり返ることになるのであって、オリオン文化の末期とはいいながらその害毒の甚だしさを眼のあたりに見せつけられたのである。

地球人は、一日も早く真の幸福を齎《もたら》す真理に目ざめなくてはならぬ。神霊界や星界を知らず、宇宙創造神の御存在すら知らないような人物を上層部や指導層やマスコミから一人残らず一掃して、社会のあらゆる機構と陣容を正しい姿に再建したときにこそ、初めて真の地球の幸福が訪れるのである。文部省はオリオンの悪魔の根拠地である。同省の官吏をはじめとして、文教に関係を持つ人々は地球人の中でも特に低い頭脳の持ち主である。

このようなオリオンに蝕まれ切った人々がわが国の文教に携わっている限り、わが国の人々の真の幸福は望み得べくもない。古今東西のオリオン的地球学を教育の基盤にしている間は、無暗に低級な人物を次から次に作り上げるだけである。記憶力、思考力の育成に偏った現今の教育理念は根本的に間違っており、このような教育を受けた地球人が五感の世界しか分からないことを幸いに、オリオンや土星の悪魔が背後で思う存分に跳梁し、今日の地球の不幸を招いたのである。このことに気付かないような低次元の頭脳でありながら、とんでもない自負心だけは人一倍に旺盛な人達が上層部や指導層に在るからこそ、その頑迷と無知が教育の大本を誤らせるのである。
文部省はオリオンの古城である。ここに職を奉じている人々に宇宙の法則を説いても無駄である。世の人々が挙って心洗いに努めるようになり、今までの教育の在り方の誤りが国民の声によって指摘される日までは、現状のまま世の中の不幸は後を絶たぬであろう。文教関係の立法や行政の主体は衆参両院議員および内閣の手に在るのだけれども、それらの人々も亦オリオンに蝕まれているのであるから、真の幸福が訪れるまでには幾多の障《しょう》碍《がい》と困難が山積しているのである。

先般、常盤線三河島駅で起こった惨事は、貨物列車の機関士にある教団の背後霊が入りこんで錯誤を生じさせたものであるが、霊波念波について全く認識を欠いている世の人々には想像すらできないことである。この度の参議院議員選挙に多数の教団関係者が立候補していることは、オリオン文化もいよいよ終末に近づいたことを示唆している。教義の本質は等閑に付して、一定の条件と形式さえ具備しておれば、文部省宗務課がこれを宗教法人として公認するように法律で定めてあるが、こうして公認された宗教が世の中を如何に不幸に陥らしめているかを、その衝に当たっている者ですら全く知らないということは、まことに危険なことであると云わなければならない。

衆参両議員ともども、何回改選してみたところで、オリオン的人物である以上は全く大同小異で何の役に立つものではなく、世の中の真の幸福はあり得ない。私はむしろ、国民諸賢《しょけん》に対して選挙反対を提唱したいくらいである。国会議員に立候補するほどの人は、まず宇宙創造神と波長を合わせ得る心の持ち主であるべきであって、それでこそ正しい政治が行われるのである。政治の間違いは国民全体の不幸である。科学万能を唱えながら、霊波念波の実在を確認しその基盤の上に樹てられた立体科学を否認して、相変らずオリオン文化を以て推し進めようとする動向が改革されない限り、真の幸福は訪れないものである。

今年七歳になる男の子が、四歳の時にハシカが内攻して慢性の腎臓炎になり、有名病院に転々と入院して加療に努めたが、一向に渉々しくなく、昨年の暮れには危篤状態に陥って、医者もさじを投げてしまった。

その時に、偶々当会のことを伝え聞いたその家族が文字どおり藁をも掴む気持で訪ねて来られた。そこで、これを霊的に診査したところ、ハシカに罹ったときに悪霊が腎臓の奥深く侵入し、注射や種々の医薬がますます深部に押し込めたが為の重症であることが分かった。

家族の依頼を受けてその祖母と共に私の許にお預かりすることになり、早速除霊に取りかかったところが、劇しい発熱と共に十数回に及ぶ嘔吐と下痢を起こし、やがて全身に発疹を生じ、一時は命が危ぶまれるような症状を呈したが、それが峠で急速に快方に向かい、約一カ月後には三年ぶりに庭に出て歩けるようになった。今では頑健そのもので、普通の子供よりはるかに元気に溢れた身体になっている。

除霊期間中、薬など一切用いず、家族は勿論のこと、周囲の人々はただただ驚嘆するばかりで、霊というものの実在とその作用についてあらためて感嘆を久しうしたのである。西洋医学を以て万能である、最高であると妄信するからこそ、このような無用の苦痛を招くのであって、霊波念波の認識の上に樹立された立体科学によって合理的に処置して、危うく薬石効なく云々という悲劇を免れ得た最近の一例である。

然し、世のインテリと称せられるような人々の医学に対する信頼は全く狂信的であって、遂に死に至っても、すべては運命である、尽くすべきは尽くしたと諦めているのである。西洋医学がわが国に取り入れられてから既に一世紀、その間に西洋医学に信頼し切ってみすみす死んでいった霊は夥しい数にのぼっている。このような霊は心というものについては全く何も分かっておらず、現界で我欲のおもむくまま最もオリオン的な生き方をして、そのままの姿で霊界に入った為に、迷って現界にさまよい出し子孫を苦しめることになるのである。

現代は科学万能の時代である。医学も医薬も高度の進歩を遂げたと喧伝されながら、病人は一向に減りもせず、「文明病」という、今までなかったような病気さえ出現してきたということは、オリオン文化の根本的な誤りの具現でなくて何であろう。

学問の基礎において間違いを犯していることに気付かず、何万年研究・探究を続けてみたとて、病気の本体は決して解明できるものではない。人々は病気に罹ると、合言葉のように医者よ薬よと頼り切り、それで癒らないと宗教に救いを求め、それでも思わしくないと拝み屋さんに走るというのが普通のケースであって、心の在り方というものを全くないがしろにしているのである。常に心洗いに努めるような高級な人には病気も不幸も起こらないはずであり、万一起こってもまず自分の心の在り方を検討し、そこに神に反したものを見出し、それをあらためることによってもとの身体にかえることができるのである。

斯《か》く云う私も、九年前までは不運不幸の連続にすっかり叩きのめされながら、その真因に気付くことができず、オリオン的道徳観念を振り廻して正義感に充ち満ちた自分の心の在り方を自負していたのである。そのような自分に不幸がふりかかってくる理由がさっぱり分からず、いつまでも自分を買い被った生活を続けて、次々と不幸に見舞われたのである。得体《えたい》の知れない病気の為に次女が死に直面した、それが機縁で、初めて宇宙創造神の御存在を知り、前に述べたように神のお諭しを受け、翻然として己の心の非を悟り、神に対して敬虔の念をささげ、人々に対して感謝の念をもつようになり、日夜、神の教えを守り、また、神のお戒しめを実践することに努力を重ねる中に、いつとはなしにそれまでの不幸は身辺から消えてなくなったのである。

われわれ地球人が当面している危機を打開するには、結局、社会生活の大本である教育の刷新是正に俟たねばならない。だが、教育の当事者が他の人々にもまして頑迷で低級な頭脳と心の持ち主であるだけに、立体科学を理解することはなかなか困難で、正しい教育の実現まではなお相当の年月が必要であると思われる。それまでは、たとえ取るに足らない人数であろうとも、立体科学を解し得る人々が洗心を実践して高級な地球人に変わり、地球の新しい時代の礎石たらねばならぬと思うのである。

新しい時代に入った地球に将来も生きたいと思うならば、捨て去り難い我欲を振り捨てて立体科学を体得する以外に方法はない。

私が洗心に努めて神の取次の器械としての生活をするようになってから、それまで全く暗黒に閉ざされていた地球上に宇宙創造神の光と力が日一日と遍漫して来て、オリオンや土星の悪魔の姿をはっきり映し出せるようになり、三千年間も地球人の眼から隠されていた背後霊が次々にキャッチされ、地球人の真の幸福の曙光《しょこう》が射し始めるようになった。

そのため、悪魔の目の敵である私は来る日も来る日も彼等に襲われて、私の肉体は絶えず瀕死の状態に置かれているけれども、地球幸福の為に心身を抛《ほう》っている私は、苦しみの重なるほど地球が幸福になっていくと思えば、ただ感謝あるのみである。決死の覚悟で生きている身には何の不平不満もなく、ただ有難さでいっぱいである。自己を捨て切り、ひたすらに地球幸福のみを希う心で毎日を生きる喜びはまた格別である。

人間の肉体は心の在りようでどのようにも変化するもので、神の教えを素直に守り、神の光と力を絶たれないように日夜心洗いに努める限り、不自然な死や病気は決して起こらない。神意によってこの地上に生を受けさせられたその意義をしっかり弁まえて、心の調整を怠らない日常を送るならば、宇宙創造神のしろしめし給う大宇宙のあらゆる仕組みは自ずから分かってくるのである。

社会生活の最先端ともいうべきテレビやラジオから、日も夜も無数に飛び出してくる悪霊波悪念波の影響はまことに由々しきもので、いかに人々があのような愚劣な番組を好むからとて、これをいつまでも野放しに放置していることは、聴視者も放送当事者もスポンサーも監督官庁も、すべて滔々《とうとう》たるオリオン文化の渦に巻きこまれ押し流されている証拠である。オリオン文化の末期症状、ここに極まったかの観がある。

三千年の長い間、この地球を毒してきたオリオン文化に決別を告げる日がやってきたのである。

総理大臣を初めとして、国の中心部を司どる人々を選出するのは国民である。己の選出した人々の施政に不平を唱えることは、己の無知を自ら暴露するものである。まず国民の一人一人が心洗いに努めて、宇宙創造神と心の波長を合わせるとき、政治を初めすべての社会機構は自ずから浄化されていくのである。

わが国において、終戦後は殊更に民主主義が唱えられてきたが、結局は単に言葉の上の民主主義にすぎず、事実は金力や数の力を背景にした一種の独裁的政治であることは衆知のとおりであって、主《あるじ》である国民の無自覚の為にオリオン的人物を国民の代表者として国会に送ったが故に招いた結果である。

霊というものの在り方が立体科学によって解明された以上、刑法に定められている死刑について、特に司法関係者は根本的に検討して刑法を改めるべきである。それには、まず自らが心洗いを実践して宇宙創造神と波長を合わせ得る境地に達することが肝要である。

立体科学を理解し得ない人は時代遅れであり、新時代の地球人たり得ぬ落伍者である。

ねがわくば一人の落伍者もなく、地球人のすべてが今日という今日から心の調整を図る努力をはじめ、立体科学を理解し得る高級な地球人に変わりたいものである。

初代取次の器械・宗教の背後霊団によって斃《たお》されて後、二代目取次の器械誕生し、神界・霊界と交流。星界と交流が始まった矢先、初代と同じように宗教の強烈な背後霊団によって神の御光《み》と御力《み》を遮断され、交流不可能の状態となり、器械の使命を絶った（二代目器械誕生は昭和六十二年春。昭和天皇陛下のご病気平癒に努められたが、世界中の宗教の祈りの念が塊《かたまり》となって悪念波となり、天皇陛下を襲い苦しめるため陛下の肉体に限界が来られ昇天されたのである）。

日本人の今後の在り方について

日本人は物真似《ものまね》が上手である。何でも外国の真似をすることを正しい在り方であると思い違いして生きている。

政府の在り方、教育の在り方、宗教の在り方、社会の機構等、すべて外国より取り入れて、それを最も正しい在り方であると思い込んで生きている。

学校の教育を最も正しいと思い込んでいる地球人、日本人は、記憶力と思考力で発達した頭脳、心の在り方を最も正しいものであると考え違いをし、心を分裂させて、眼前の欲望に駆られて生きているにすぎない。

日本人は大和民族といい、天皇をお立て申し上げて生活する民族であるが、明治時代より制定された学校教育を最も正しい在り方であると思い込んでいるために、腐敗し切った心をもって生活しながらも、自分が腐敗した心をもって生活をしている者であることに気付くことができない。

高層な建物を見る時、いかにも高級になったような錯覚を起こすが、内容即ち心においては何等の進歩もないものを見出すはずである。

筆者（田原澄）は十年間、神と波長を合わすべく努力をするために、社会と没交渉で心を調整することに専念し、家を一歩も出ることをしなかった。毎日々々、天界との交渉のために、地上の在り方については関心を持たない自分の心になる努力をした。その結果、遂に宇宙創造神と波長を合わすことのできる状態に到着することができて、宇宙における地球の位置をはっきりと知ることができるようになったのである。日本人が我欲が強く、見たい、聞きたい、知りたいという欲望が強く、この欲が外来の思想を取り入れ、オリオン文化を吸収し、今や滅亡せんとするところまで追い込まれていることをはっきりと知ることができたのである。

筆者は、かつて日赤の婦長をしていた関係で、西洋医学を修めたものであるが、肉体を見詰め、解剖して、発達した医学が、いかに低い次元のものであるかということを、長い間の体験ではっきりと知ることができるようになった。

癌研の院長が癌の病気で死んでいく。高位高官にある人々が病気が死んでいく。優良なる星の世界には、病気も不幸も一切悪いことはないのである。優良なる星の世界に住む人類は、すべて宇宙創造神の教えに叶う心を有《も》って生きているからである。

地球では、宇宙創造神の御存在さえ、一国の首相はじめすべての人々が知ることができないのであるから、まして神の教えなど知るはずもなく、オリオン文化で植えつけられた自尊心と自信と自惚れと希望という心をもって、それが最も正しい在り方であると強く教えられて生きている。こうした人々は、神の世界、霊の世界、星の世界については、全く皆無の心をもって生きているがために、幸福の対象は地位と名誉と金銭であり、死後の世界については、何等知ることもできないような、低級な頭脳、心を最も正しい在り方であると堅持して生きているのである。

地球人は特に競争心が激しく、競技に力を入れる。これは地球が不良星界の指導下にあるからで、競争することが正しい在り方であると思い込んでしまっているからである。

日本は、昭和三十九年秋に、東京で全世界オリンピック大会を開催するためにおおわらわになっている。このようなことも、オリオン星座の邪悪なる霊波の支配下にある学問を身につけた人々が、正しいことであると勘違いしているからである。誰一人として、オリンピックはオリオンのもので、不幸なものであるということを知ることができない。競争意識の激しいことは我の強いことであり、このような心の人々が上層部に立って指導をする限り幸福には絶対なれないのである。

日本は、明治四年に廃藩置県で知事制度が制定され、各県に知事を置き、行政が行われている。

各県知事は県民の代表であり、各県知事の指令によって県民は動くのであるが、その知事が宇宙学のことについては何の知識もなく、今日までの学校教育で培われた頭脳、心をもって、指導をしている。そうやっている限り、日本は不幸に陥らねばならぬのである。

取次の器械は、昭和三十八年九月二十五日付、配達証明書付で、四十六名の知事に宛て、宇宙学の勉強をするようにと手紙を出した。

ところが、ほとんどの知事についている悪霊波が取次の器械を苦しめ、遂々《とうとう》肺炎を引き起こし、三日間は咳《せき》のために大変な目に遭わされたのである。天候は崩《くず》れ、大雨になって、日本人全体を悩ましたのであるが、天候が全知事についている悪霊波の作用によって起こるものであることを、普通一般の教育を受けた人々には分からないのである。

各県知事は県民の代表であり、代表者が正しい指導をしない限り、地球は不幸に陥らなくてはならないのであるが、各県知事は、自分は最も正しく生きていると思い違いして、宇宙学を読みたがらない人々が多いということを知り、大変なことであると思ったのである。

日本人の今後の在り方は、まず宇宙学の勉強をしなくてはならないのであるが、県知事が未だその気になれないのであるから、当分の間、病気不幸で悩まなくてはならぬ。

義理人情に富んで生きてきた日本人は、唯今では、その義理人情も紙の如く薄くなっているが、義理人情は悪魔とつながる心であるから、決して良い心ではない。然し、神の存在を知らない日本人は、悪魔の存在をも知ることができず、不合理な生き方をしてなぜ不幸だろうと嘆いて生きているのである。

今後の日本人は、まず、地球になぜに生かされ、如何に生くべきか、地球は宇宙の何処に位置しているか、大宇宙を構成するものは何であるか、地球外の天体の星の世界の在り方は如何であるか、死後の世界の霊界の在り方はどうか等についての正しい理念を持つことが肝要である。でないと、最早、この地球には生存の許されない時がやってきたのである。それは、この地球の位置が変わったからである。不良星界の支配下に入って三千年の歴史を有したこの地球が、優良星界人と交流のできる位置に変わったのである。昭和三十七年度までは、オリオンの仕組んだ学狡の教育で間に合ったのであるが、昭和三十八年度よりは、優良星界人の指導の下《もと》に生存をしなくてはならない地球に変わったのである。

宇宙創造の大神は、この地球上に取次の器械を造り給い、人間の生きる道を御示しになった。

地球人よ、おまえたちは、優良星界に住むことのできない我欲の心のために牢獄の地球に降ろされて、洗心をしなくてはならぬ存在である。そのことに目覚めよ！

と仰せになっておられるのである。

今後の地球人は、まず地球人がなぜに生かされ、如何《いか》に生くべきかということを知って、我欲の心を取る洗心を行わなくてはならない。

今日までの学問を正しいと思い込んできた上層部、指導層にある人々は、刑務所の囚人よりももっと重い刑を受けなくてはならぬ時がやって来たのである。自覚することなく、今までとおりの心で生活をしたいと考えることは、最早、許されない時が来たのである。

すべての地球人が御法度の心を起こさないように努力することによって、地球に円盤が降り立ち、優良星界人が直接指導に当たられることになっているのである。

今後の地球人は、まず宇宙学の勉強をすることである。その時、はっきりと、自分達の今日までの心は大変間違っていたということが分かるのである。

立場を越え、職業を越え、宗派を越えて、強く、正しく、明るく

神の教えの「強く」とは、我欲に強く生きよということではない。地球人は我欲が強いから地球に降ろされたのであるから、この我欲を捨て切る心を「強くもて」と仰せになるのであって、それにはまず、地球人はなぜに地球に降ろされなくてはならなかったかという意義を知らなくてはならないのである。

筆者（田原澄）も、この「強く」の意味がわからなかった時代はやはり我欲が強く、絶えず自己が中心で、自己完成、自己満足を目指し、自己を護ることのみに心を奪われがちであった。そして、誰よりも自分は正しく生きていると信じ、強い道徳観念を信条として生活していた。

そうやって生きていた時代は、大変に不幸であった。それは、宇宙創造神の光と力から遮断されていたからで、不幸に見舞われるのが当然であるけれども、自分の間違った心の為に招いた不幸であるとも知らず、私はなぜこうも不幸なのだろうと嘆いて暮らしていた。

宇宙創造神の教えを真に体得した結果、すべての地球人の嘲笑《ちょうしょう》を買おうとも、神の教えをしっかり守り抜く心境になることが「強く」の意味であることをしっかり理解し得たのである。そして、如何なる困難の中にあり、たとい眼前に死が迫っていようとも、宇宙創造神の教えを強く守り抜けるようになって、今日まで地球人が全く知ることができなかった優良宇宙人と交流し得るようになったのである。

地球人的に頭脳が秀れ、地位や名誉や金銭を獲得している人々は、人間的な知恵には長けていても、心は宇宙創造神の御存在さえ知らないように、狭く、固く、暗いのである。学問に志しても、先人の思想や観念を鵜呑みにして踏襲しているにすぎず、そのような在り方を正しいものと考えている。正しいという言葉も、宇宙創造神の御存在を知らず、宇宙の法則を知らないオリオン的な頭脳では文字どおり正しく使えないのであって、そのような在り方を正しいと考えることは、実は大変間違ったことなのである。

オリオンの悪魔は、地球人に神の世界についてもいろいろ説いているのであって、宇宙創造神の教えを盗んで、「強く、正しく、明るく」と云う言葉も教えてはいるけれども、それは結局、知識として受け容れられて、いささかも心には浸透していない。このような教えの在り方は、善を説くほど悪がはびこるものである。

神は絶対の御存在であるのに、さる教団では「神は善なり」と教えている。善を説く教えの背後にあるものは、すべて悪魔である。善たらんとするのは一つの欲であって、人は善たらんとして神がお戒しめになっている御法度の心を起こしがちである。そうなると、宇宙創造神の光と力から絶たれることになるのである。

「正しく」とは、〝神の教えのとおりに〟ということであり、真理に生きよとの意味である。地球人は宇宙間の囚人であることを正しく認識して、自分の心の非を悟って洗心に努力しなくてはならないのであって、それが地球人の「正しい」在り方である。

「強く」「正しく」の意味が心でしっかり分かりさえすれば、おのずと大自然に羽搏く心が養われ、心は明るく変わる。心に定まりがなければ、明るく生きることはできない。

自分は穢い汚れた乱れた心であったればこそ地球に降ろされたのだという意義をまず私は悟り、ひたすらに心の調整を図る努力をした。果たして宇宙創造神と心の波長を合わせ得るか否か、それが最も大切なことであると悟ったのである。そして、神の御心に適う境地に達し得て初めて明るく生きられるものであることを知ったのである。

わが肉体はわがものに非《あら》ず、すべて神のものである。われわれが地球に降ろされた意義を知り、神の教えを素直に守り得る心になるとき、初めて、「強く、正しく、明るく」生きられるものであることを、はっきり知ることができたのである。

オリオン系の教育を受け、オリオン文化に浸り切っている間、私は不幸と不安と恐怖におののいていたが、宇宙創造神と心の波長を合わせ得て初めて真の幸福を知ると共に、霊波念波の実在を知り、神霊界星界に通じ得るようになったのである。そして今日まで神霊界や星界からいろいろの通信を受けているのであるが、オリオンの悪魔に操られている世の人々は、悪魔とは波長の異なるそれらの通信に対しては、頭が痛くなるとか聞きたくないとかと云って、なかなか耳を傾けようとしないのである。

宇宙間の牢獄であった地球の位置が向上して、優良なる星界人と交流し得るようになり、神意に適わない低級な人々は神の手によって第二の牢獄に降ろされる時がやってきたのであるから、一人でも多くの地球人が真理に目ざめて心洗いに努め、ともどもに新時代の高級な地球人として生きたいものである。

「強く、正しく、明るく」生きるとき、この地球上から競争も戦争も分裂も一切消え去って真の平和が訪れる。口先だけでなく、心の底から強く、正しく、明るく生きる地球人が一人でも多くなることが宇宙創造神の最もおよろこびになることである。

私は、皆さんに申し上げたい。何よりもまず自我を捨て切ることである。己を空しくしてこそ、神と心の波長を合わせることができるようになる。我欲に左右されている間は、言葉の上で「強く、正しく、明るく」の意味は分かっていても、心が伴い得ず、悪魔とはつながっても神とは決してはつながれないのである。真に「強く、正しく、明るく」生きるために、明日と云わず、今、直ちに心洗いの努力をはじめ、一日も早く、一人でも多く高級な地球人になっていただきたいものである。

宇宙創造神の御教えを守り生きて、神界に認められた魂の地球人は肉体のままＵＦＯで救われるのである。優良星界人は地球人を救うためにＵＦＯを待機させていると通信あり。

宇宙学〈実践編〉

大宇宙との交流

2012年２月10日　初版第１刷発行

編　者　宇宙の真理を究める会

発行者　韮澤潤一郎

発行所　株式会社たま出版

〒160-0004　東京都新宿区四谷4-28-20

☎ 03-5369-3051（代表）

FAX 03-5369-3052

http://tamabook.com

振替　00130-5-94804

組　版　一企画

印刷所　神谷印刷株式会社

ISBN978-4-8127-0335-9　C0011